すみっコぐらし

心《しん》理《り》テスト

すみっコって どんなこ？

この本《ほん》に出《で》てくる
すみっコ＆みにっコたちを
紹《しょう》介《かい》するよ。
どんなこたちが
いるのかな……？

しろくま

北《きた》からにげてきた、
さむがりでひと
みしりのくま。

赤《あか》ちゃんのころ

ふろしき

しろくまのにもつ。
すみっこのばしょとりや
さむいときに使《つか》われる。

あたまのなか

BACK《バック》

SIDE《サイド》

よくすみっこで
あったかいお茶《ちゃ》を
のんでいる

性《せい》格《かく》：ひとみしり

さむさたいさく

LEVEL《レベル》1　LEVEL《レベル》2　LEVEL《レベル》3

ソースやからしで
とんかつアピール

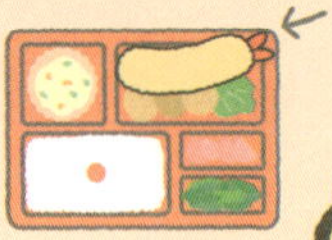

おべんとうに
いたころ

えびふらいのしっぽ

とんかつとはこころつうじる友《とも》

あたまのなか

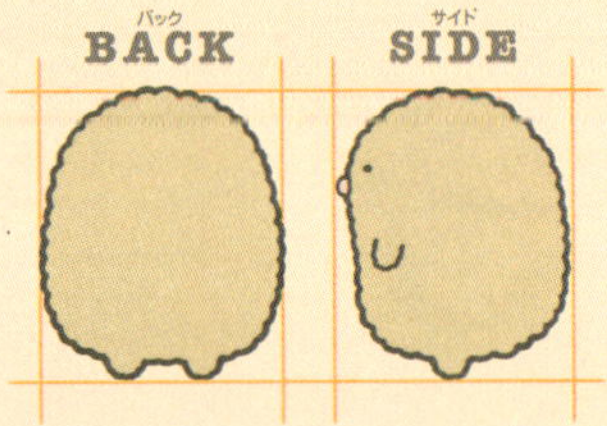

過去《かこ》のトラウマを
思《おも》い出《だ》し、
ときどき暗《くら》く
なることも…

とんかつ

とんかつのはじっこ。
おにく1%《パーセント》、
しぼう99%《パーセント》。

こんなかんじ
だったような…？

なぞのアームによく
すみっこからつまみ出《だ》される

昔《むかし》は川《かわ》で流《なが》れて
いたような…？

ぺんぎん？

じぶんはぺんぎん？
じしんがない。
昔《むかし》はあたまにおさらが
あったような…。

おかあさん

とかげ

じつは、きょうりゅうの
いきのこり。つかまっちゃう
のでとかげのふり。

あたまのなか

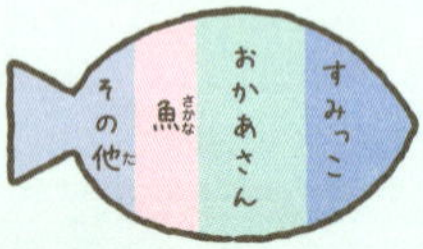

BACK《バック》　SIDE《サイド》

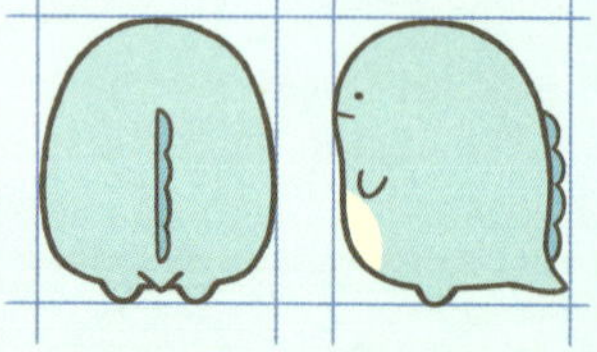

にせものなかまの
にせつむりとなかよし

好物《こうぶつ》：魚《さかな》

すいーー

特技《とくぎ》：泳《およ》ぎ

りそうのすがた

スリムなフォルムと
長《なが》いしっぽにあこがれ。

ねこ

はずかしがりやのねこ。よくすみっこでうしろむいてつめをといでる。

性格《せいかく》：けんきょ

あたまのなか

おびえると
いかくすることも

なにかに隠《かく》れるのが
おちつく。ねこ缶《かん》や巾《きん》着《ちゃく》が
お気《き》に入《い》り

ざっそう

いつかあこがれのお花屋《はなや》さんで
ブーケにしてもらう!という
夢《ゆめ》を持《も》つポジティブな草《くさ》。

たぴおか

ミルクティーだけ先《さき》に
のまれて吸《す》いにくいから
残《のこ》されてしまった。

すずめ

ただのすずめ。
とんかつを気《き》に入《い》って
ついばみにくる。

おばけ

屋《や》根《ね》裏《うら》のすみっこに
すんでいる。こわがられたく
ないのでひっそりとしている。

ふろしき

しろくまのにもつ。
すみっこのばしょとりや
さむいときに使《つか》われる。

たまにせんたく。

いろいろ使《つか》えて
とても便利《べんり》♪

クッションにも…。

重《おも》いにもつ
運《はこ》びにも。

顔《かお》が
のびる

防寒用《ぼうかんよう》にも。

なかよしすみっコ
しろくま

しーん

すみっこの
ばしょとり
に…。

開《ひら》いた状態《じょうたい》。
レジャーシートにも。

えびふらいのしっぽ

かたいから食《た》べ残《のこ》された。
とんかつとは
こころつうじる友《とも》。

残《のこ》り物《もの》仲間《なかま》の
とんかつとよく
一緒《いっしょ》にいる。

…

なかよしすみっコ
とんかつ

〜えびふらいアピールコレクション〜

お持《も》ち帰《かえ》り袋《ぶくろ》で…

トマトを
そえて…

タルタルを
かけて…

ほこり

すみっこによくたまる
のうてんきなやつら。

そこらへんに
たくさんいる。

いえーい

外《そと》にでると風《かぜ》に
とばされる。

分裂《ぶんれつ》して小さくなったり
集合《しゅうごう》して大きくなったりできる。

ごみ箱《ばこ》が
おちつく？

いつもへらへら
笑《わら》っている。

水《みず》によわい。

べしゃあ

にせつむり

じつはからをかぶったなめくじ。
うそついてすみません…

壁《かべ》も天井《てんじょう》の
すみも
じゆうじざいに
移動《いどう》。

かたつむりにあこがれて
カラをかぶったけれど、
ちょっぴりうしろめたい…。

すぐあやまる。

すみません
すみません

なめくじ
なんて
いえないよ…

なかよしすみっコ
とかげ

〜にせつむりコレクション〜

よくカラじゃない
ものもかぶっている
ので注目《ちゅうもく》☆

どんな生活《せいかつ》をしている？

すみっコぐらし写真館《しゃしんかん》

すみっコやみにっコたちの毎日《まいにち》をのぞいてみよう♪

みんな おへやの
“すみっこ”が好《す》き。
だけど、
たまにおさんぽしたり
おでかけもするみたい。

喫《きっ》茶《さ》店《てん》に
あこがれたり……、

とかげのおうちに
遊《あそ》びに行《い》ったり……、

おすしに
なりきったり、

お弁《べん》当《とう》にも
なっちゃった!?

これからも
すみっコたちは
一《いっ》緒《しょ》だよ♪

もくじ

第《だい》1章《しょう》

あなたの キャラクター 診《しん》断《だん》テスト

すみっコぐらしのアートを使《つか》って、
あなたの基《き》本《ほん》性《せい》格《かく》と自《じ》分《ぶん》では気《き》づいていない
意《い》外《がい》(?)な一《いち》面《めん》を診《しん》断《だん》するよ!

Q.1

左《ひだり》の島《しま》に行《い》くとき、あなたならなにをしたい？

A 海《うみ》で泳《およ》いだり、山《やま》を探《たん》検《けん》したりしてみたい

B 名《めい》所《しょ》を観《かん》光《こう》してまわりたい

C 美《び》術《じゅつ》館《かん》やプラネタリウムに行《い》ってみたい

D 温《おん》泉《せん》でのんびりしたい

E おうちにいるときみたいに、ゲームをしたりマンガを読《よ》んだりしたい

F 地《じ》元《もと》の人《ひと》と話《はな》してみたい

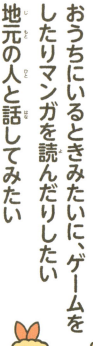

SUMIKKOMAP
Friend
toko
toko
Sumikko gurashi™
oheya no sumi de
tabi kibun.
Arch
WEST
EAST
Panda
Balloon
Cruise
Center
Ocean
Sunayama
Amigo
Sumikko
Jibun sagashi
Sumikko
suisui
Aloha

Q.1 のテストでわかるのは……

あなたのオモテキャラ

“オモテキャラ”とは、基本性格《きほんせいかく》のことだよ。自分《じぶん》が思《おも》う自分《じぶん》や、まわりに持《も》たれている印象《いんしょう》と合《あ》っているかな？

Aを選《えら》んだあなた

アクティブな人気者《にんきもの》キャラ

あなたは、明《あか》るくて元気《げんき》いっぱい！
少《すこ》しくらいイヤなことがあっても、
ダンスやスポーツで体《からだ》を動《うご》かすと
忘《わす》れちゃうよ。
女《おんな》の子《こ》はもちろん、
男《おとこ》の子《こ》の友《とも》だちも多《おお》いほう。
ハジける笑顔《えがお》で話《はな》しかけると、
だれだってあなたと仲《なか》よく
なりたくなっちゃうんだね。

ラッキーカラー　レッド　ラッキーアイテム　スニーカー
ラッキーナンバー　5　ラッキーアクション　背《せ》のびをする

B を選《えら》んだあなた

探《たん》究《きゅう》心《しん》たっぷりキャラ

あなたは、好《こう》奇《き》心《しん》おうせい！
自《じ》分《ぶん》の知《し》らないことを見《み》つけると、「なんだろう？」と興味《きょうみ》シンシン。
本《ほん》を読《よ》んだりネットで調《しら》べたりして、
自《じ》分《ぶん》のものにしちゃうよ。
あなたが物《もの》知《し》りなことは有《ゆう》名《めい》だから、よく友《とも》だちから
「ねえねえ、教《おし》えて！」ってたよりにされるよ。

ラッキーカラー　オレンジ　ラッキーアイテム　シュシュ
ラッキーナンバー　3　ラッキーアクション　にっこり笑《わら》う

C を選《えら》んだあなた

ハイセンスなモテキャラ

あなたは、するどい感性《かんせい》の持《も》ち主《ぬし》！
アートにふれたり、美《うつ》しいものを見《み》たりすると
テンションが上《あ》がっちゃうタイプだよ。
センスがよくおしゃれで、言葉《ことば》づかいもていねいだから、
クラスでも人気《にんき》の的《まと》。
まわりには、あなたにあこがれている人《ひと》がいっぱい！

ラッキーカラー　ブルー　ラッキーアイテム　ノート

ラッキーナンバー　7　ラッキーアクション　両手《りょうて》でハート型《がた》をつくる

Dを選《えら》んだあなた

ほんわかいやし系《けい》キャラ

あなたは、おだやかな笑顔《えがお》がミリョク！
あったかくてふんわりしたフンイキの持《も》ち主《ぬし》だから、
自然《しぜん》とまわりをなごませちゃうよ。
友《とも》だちといるときは、話《はな》しじょうずというより、聞《き》きじょうず。
ニコニコしながら「ふんふん、それで？」って
あいづちを打《う》つと、トークがはずむよ。

ラッキーカラー　ピンク
ラッキーアイテム　メイクポーチ
ラッキーナンバー　6
ラッキーアクション　右手《みぎて》で左肩《ひだりかた》をポンとタッチ

E を選《えら》んだあなた

クールなマイペースキャラ

あなたは、独特《どくとく》のテンポ感《かん》がチャームポイント！
人《ひと》のことはあんまり気《き》にせず、
いつでも自分《じぶん》のペースでものごとを進《すす》めていくよ。
なにかに熱中《ねっちゅう》したり感動《かんどう》したりってこともあるけど、
それを人《ひと》から強制《きょうせい》されるのは好《す》きじゃないみたい。
つねに自然体《しぜんたい》をだいじにしているよ。

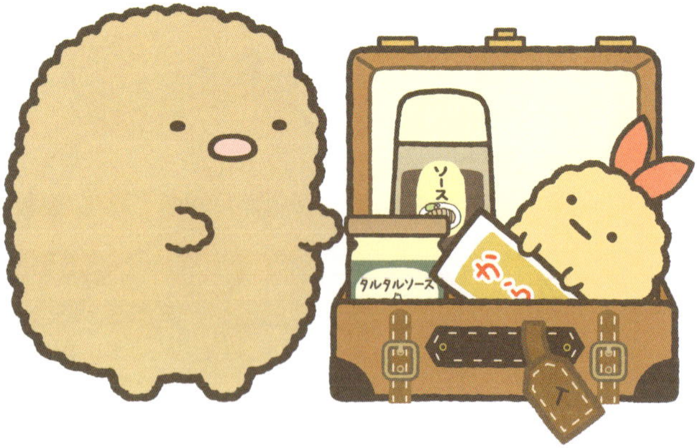

ラッキーカラー	シルバー
ラッキーアイテム	ブレスレット
ラッキーナンバー	4
ラッキーアクション	相手《あいて》の目《め》を見《み》て話《はな》す

Fを選《えら》んだあなた

盛《も》りあげじょうずキャラ

あなたは、人《ひと》なつっこくてユーモアセンスばつぐん！
おしゃべりするのが大好《だいす》きだから、友《とも》だちはすっごく多《おお》いよ。
女《おんな》の子《こ》も男《おとこ》の子《こ》も、年《とし》の離《はな》れた人《ひと》だって、話《はな》せばみんな友《とも》だち。
どんな話題《わだい》でもおもしろポイントを見《み》つけて、
トークを盛《も》りあげられるのは、あなたの才能《さいのう》かも!?

ラッキーカラー　オレンジ
ラッキーアイテム　マグカップ
ラッキーナンバー　1
ラッキーアクション　太陽《たいよう》に向《む》かって手《て》をかざす

Q.2

左《ひだり》の島《しま》に行《い》くとき、あなたならどんなかっこうをする？
ピンとひらめいたコーデのこだわりを教《おし》えてね。

A ぼうしをかぶる

B スニーカーをはく

C リボンやアクセサリーをつける

D お気《き》に入《い》りの色《いろ》をどこかにとり入《い》れる

E なにかひとつ、新《あたら》しいアイテムを身《み》につける

F サングラスをかける

G ななめがけのバッグを持《も》つ

BUS
3:00
5:00
buuun
Omekashi
Nyukoku shinsa
Fish Market
Tower
kuda sai
buru
buru
Center
WEST
EAST
Maigo
富士見の湯
Onsen
Yama
Art
Vacation
Sumikko
toko
toko
Sumikko tour
Sumisshi

Q.2のテストでわかるのは……

あなたのウラキャラ

あなたのなかにあって、ときどき顔《かお》をのぞかせる性格《せいかく》のことを
“ウラキャラ”と呼《よ》ぶよ。
「引《ひ》っ込《こ》み思案《じあん》だけど、じつはリーダーの素質《そしつ》あり！」など
あなたの意外《いがい》な一面《いちめん》や心《こころ》のなかのホンネが見《み》えるよ。
Q.1と似《に》た診断《しんだん》が出《で》たら、ウラオモテが少《すく》ないタイプ。
全然《ぜんぜん》ちがう診断《しんだん》が出《で》たあなたは、意外性《いがいせい》のあるキャラクター！

Aを選《えら》んだあなた

ちゃっかりお目立《めだ》ちキャラ

あなたは、明《あか》るくてとっても楽《たの》しい性格《せいかく》。
だれとでも仲《なか》よくできるし、
あなたのことを気《き》になっている人《ひと》が
ホントはたくさんいるよ。
そんな顔《かお》の奥《おく》に眠《ねむ》っているのは、
「もっと目立《めだ》って、人《ひと》からホメられたい♪」
というホンネ。
学校行事《がっこうぎょうじ》もクラブ活動《かつどう》も
いつだってがんばるのは、
そんなモチベーションがあるから！

Bを選《えら》んだあなた

うっかりポカミスキャラ

あなたはアクティブでボーイッシュ！
インドアよりだんぜんアウトドア派《は》で、
じっとしていられない性格《せいかく》だよ。
そんなあなたは、ものごとを細《こま》かくきちんと
組《く》み立《た》てていくのがちょっとニガテ……。
だいじなところでポカミスをしちゃうことがあるから慎重《しんちょう》にね！

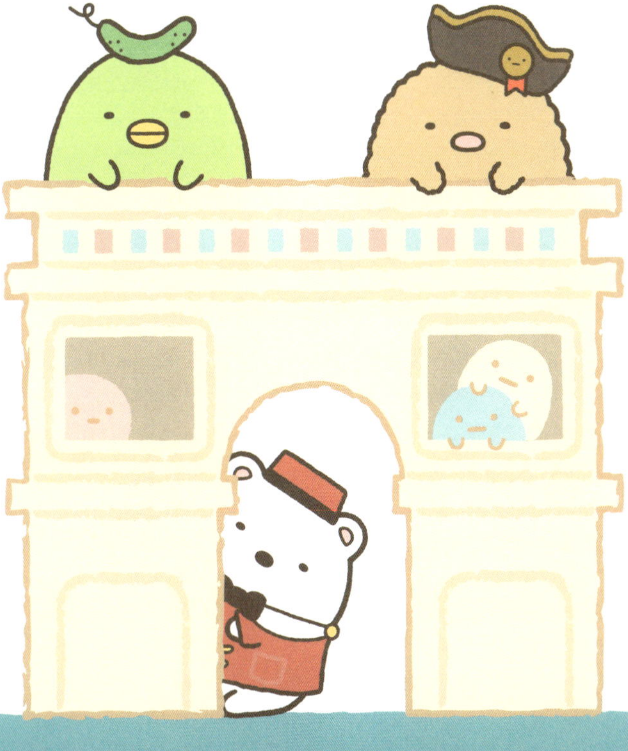

Cを選《えら》んだあなた

もーそーノンストップキャラ

あなたはせんさいでロマンチスト。
感受性《かんじゅせい》がとっても豊《ゆた》かだから、いつも心《こころ》のなかで
「もしあのアイドルと付《つ》き合《あ》ったらどうなるだろう？」
「10年後《ねんご》の自分《じぶん》は有名《ゆうめい》になってる!!」
なんて思《おも》いえがくことがあるよ。
そんなもーそーが、あなたにがんばる力《ちから》をくれるよ！

Dを選《えら》んだあなた

ガンコなこだわりキャラ

あなたは、自分《じぶん》の考《かんが》えをしっかり持《も》ってるところが長所《ちょうしょ》。
人《ひと》に流《なが》されたり、適当《てきとう》にだれかに合《あ》わせたりはしないよ。
でも、芯《しん》が強《つよ》いから、ときどきガンコになっちゃうことが……。
もうちょっと気持《きも》ちをラクにして、
「人《ひと》それぞれ、いろんな考《かんが》えがあるんだな」って
思《おも》ってみるのもいいね。

E を選《えら》んだあなた

キョロキョロあきっぽキャラ

あなたは、フットワークの軽《かる》さが特《とく》ちょう。
つねにアンテナをはって最新《さいしん》の流行《りゅうこう》をチェックしては、
すぐ飛《と》びついていくよ！
次《つぎ》から次《つぎ》へと出《で》てくるトレンドについ夢中《むちゅう》になって、
ハマりものがなかなか長続《ながつづ》きしないことも。
でもそれ、きっと感性《かんせい》がフレッシュなショーコ♪

Fを選《えら》んだあなた

個性《こせい》はじけるリーダーキャラ

あなたは、ちょっぴり個性的《こせいてき》。
独特《どくとく》の感性《かんせい》を持《も》っていて、
心《こころ》の奥《おく》でつねに人《ひと》とちがうことをしたいと思《おも》っているよ。
みんなが「いいね！」って盛《も》りあがっているときに
「ホントにそうかな？」って思《おも》ったりしちゃうタイプ。
でも、そういうのって実《じつ》はすごくだいじ。
自信《じしん》を持《も》っていこう！

Gを選《えら》んだあなた

天然系《てんねんけい》マイペースキャラ

あなたは、まわりのことをあんまり気《き》にしないマイペース人間《にんげん》。
みんなが夢中《むちゅう》になるかわいいものより、
シンプルで使《つか》いやすいものが好《す》き、なんてところがあるかも。
ときどき感《かん》じたことをボソッと言《い》ったりするから、
「天然《てんねん》だね！」なんて言《い》われちゃうことがあるよ。

BUS
Sumikko gurashi
sumikko gurashi
Sumikko gurashi
oheya no sumi de TABI kibun
oheya no sumi de tabi kibun.
Sumikkogurashi™
ききゅう

コラム

運《うん》気《き》がアップするおまじない①

でかけるときに、目《め》を閉《と》じて手《て》を「パン！」とたたこう。
1日《にち》じゅうハッピーにすごせるよ★

枕《まくら》もとにピンクのものを置《お》こう。それに左《ひだり》手《て》をかざして「ありがとう」って唱《とな》えれば、運《うん》気《き》がアップ★

第《だい》2章《しょう》

性《せい》格《かく》編《へん》
おどろき！自《じ》分《ぶん》
丸《まる》わかりテスト

実《じつ》はあなたってこんな性《せい》格《かく》!?
自《じ》分《ぶん》でも気《き》づかなかった
ホントの自《じ》分《ぶん》がわかっちゃうよ★

性格編《せいかくへん》1

どっちを選《えら》ぶ？

それぞれの質問《しつもん》のうち、どちらかの答《こた》えを選《えら》んで進《すす》んでね。

Q.1

目《め》玉《だま》焼《や》き。あなたならなにをかける？

ソース（→Q.2へ）

塩《しお》（→Q.3へ）

Q.2

ななめがけバッグ。ひもをかけるのはどっちの肩《かた》？

左《ひだり》がわ派《は》（→Q.4へ）

右《みぎ》がわ派《は》（→Q.5へ）

Q.3

想像《そうぞう》してね。あなたの目《め》の前《まえ》におにぎりがあるよ。今《いま》だったらいくつ食《た》べられる？

1つ（→Q.6）

2つ以上《いじょう》（→Q.7へ）

Q.4

これからやってみたいなぁって思《おも》っているならいごとはある？

バイオリンや英《えい》会《かい》話《わ》など、お部屋《へや》の中《なか》でやる系《けい》（→Q.8へ）

ダンスやスポーツなど、体《からだ》を動《うご》かす系《けい》（→Q.10へ）

Q.5

お休《やす》みの日《ひ》。あなたならどんな音楽《おんがく》をきく？

大好《だいす》きなアイドルの曲《きょく》（→Q.9へ）

特《とく》に決《き》めていない（→Q.10へ）

Q.6

だれにも言《い》えない
ヒミツが3つ以上《いじょう》ある

ある(→Q.8へ)
ない(→Q.9へ)

Q.7

どんなおうちに
住《す》んでみたい？

マンション(→Q.10へ)
一戸建《いっこだ》て(→Q.11へ)

Q.8

らくちん部屋着《へやぎ》。あなたは
どんなのが好《す》き？

ストライプ柄《がら》(→Bタイプへ)
ロゴT《ティー》(→Dタイプへ)

Q.9

ステショを1つ
買《か》い足《た》すとしたら？

キラキラペン(→Aタイプへ)
消《け》しゴム(→Cタイプへ)

Q.10

もし1日《にち》だけ
入《い》れかわれるとしたら、
どっちとかわってみたい？

あこがれのアイドル
(→Aタイプへ)
かっこいい男《おとこ》の子《こ》
(→Bタイプへ)

Q.11

落《お》としものをしちゃった
子《こ》がいるよ。
いったいなにを
落《お》としたんだと思《おも》う？

おさいふ(→Cタイプへ)
友《とも》だちから借《か》りた本《ほん》
(→Dタイプへ)

性格編《せいかくへん》1のテストでわかるのは

あなたのかくれたミリョク！

Aタイプ

みんなを元気《げんき》にする笑顔《えがお》

あなたは明《あか》るくて活動的《かつどうてき》なタイプ。人《ひと》をひきつける華《はな》があるから、いつでもみんなの注目《ちゅうもく》の的《まと》だよ。そんなあなたのかくれたミリョクは笑顔《えがお》。ヘコんでいる子《こ》も、あなたの笑顔《えがお》を見《み》れば元気百倍《げんきひゃくばい》！

Bタイプ

場《ば》を盛《も》りあげるトーク力《りょく》

あなたはサービス精神《せいしん》おうせいなタイプ。いろんなことを知《し》っていて、トークもチョーじょうず。あなたといると、みんな目《め》をかがやかせて話《はなし》に聞《き》き入《い》っちゃう。まるでテレビ番《ばん》組《ぐみ》のMC《エムシー》みたいって言《い》われるよ★

Cタイプ

コツコツ努力《どりょく》を続《つづ》ける根気強《こんきづよ》さ

あなたはねばり強《づよ》いがんばり屋《や》さん。だれもが「もうダメだー」ってあきらめちゃうことも、あなただけはちがう！　最後《さいご》までゼッタイ投《な》げ出《だ》さないし、つらくても弱音《よわね》をはかず、努力《どりょく》することができるよ。

Dタイプ

こまっている子《こ》を助《たす》けてあげられるやさしさ

あなたは人《ひと》の気持《きも》ちがわかるやさしい子《こ》。元気《げんき》がない子《こ》を見《み》つけると、「どうしたの？」って声《こえ》をかけてあげるよ。ホントの友《とも》だちってきっとこういうタイプ。だからみんなから信頼《しんらい》されているんだね。

性格編《せいかくへん》2

どの風《ふう》船《せん》を選《えら》ぶ？

Q. いろんな色《いろ》の風《ふう》船《せん》があるよ。あなたならどの色《いろ》の風《ふう》船《せん》がほしい？

A グリーン

B ピンク

C オレンジ

D ブルー

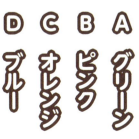

びしがり屋度《やど》

Aを選《えら》んだあなた

どっちでも
ヘーキタイプ

友《とも》だちは大切《たいせつ》だけど、いつもだれかといっしょにいなきゃダメってことはないよ。ひとりでゲームをしたり本《ほん》を読《よ》んだりするのも好《す》きだから、友《とも》だちとは会《あ》いたいときだけ会《あ》えればOK《オーケー》。

Bを選《えら》んだあなた

スーパー
さびしがり屋《や》さんタイプ

人《ひと》なつっこいあなたは、ひとりがニガテなさびしがり屋《や》さん。いつもだれかそばにいてほしいから、友《とも》だちはすっごくだいじにするよ。親友《しんゆう》といると、「姉妹《しまい》みたい」って言《い》われることも。

性格編《せいかくへん》2のテストでわかるのは あなたのさ

Cを選《えら》んだあなた

ぶっちぎり マイペースタイプ

好奇心《こうきしん》おうせいで行動力《こうどうりょく》のあるあなたは、好《す》きなときに好《す》きなことをしたいタイプ。友《とも》だちのペースに合《あ》わせるのは得意《とくい》じゃないから、ひとりでもあんまりさびしさは感《かん》じないよ。

Dを選《えら》んだあなた

ちょっと さびしがり屋《や》さんタイプ

ひとりの時間《じかん》をだいじにしなきゃって思《おも》うけれど、しばらくするとすぐさびしくなっちゃうみたい。学校《がっこう》の休《やす》み時間《じかん》や放課《ほうか》後《ご》は、いつも決《き》まった友《とも》だちとすごすタイプだね。

性格編《せいかくへん》3

どのバッグを選《えら》ぶ？

Q. これから楽《たの》しいおでかけに出発《しゅっぱつ》！
あなたなら
どのバッグでおでかけしたい？

A　リュック

B　ななめがけバッグ

C ポーチ

D バッグは持《も》たない

わてんぼう度《ど》

Aを選《えら》んだあなた

意外《いがい》と
あわてんぼうタイプ

自分《じぶん》ではちゃんとしているつもりだけど、まさかのタイミングでアタフタしちゃうことがあるよ。でかけるときには、わすれものがないかどうかきちんと見《み》直《なお》す習慣《しゅうかん》をつけようね。

Bを選《えら》んだあなた

ちょっぴり
あわてんぼうタイプ

バタバタするのが好《す》きじゃないから、だいじなことは事前《じぜん》にチェックしておくよ。でも「たぶんだいじょーぶ」と油断《ゆだん》すると、いざというときにあわてるハメになるから注意《ちゅうい》してね！

性《せい》格《かく》編《へん》3のテストでわかるのは あなたのあ

Cを選《えら》んだあなた

あわてんぼう度《ど》
20%

あわてず さわがずタイプ

なにをするときも、ふだんからきちんと準備《じゅんび》している人《ひと》。だいじなものをわすれて「どうしよう!?」ってあわてている友《とも》だちを見《み》て、フォローしてあげちゃうことが多《おお》いかも。

Dを選《えら》んだあなた

チョーあわてんぼう タイプ

いつも直感《ちょっかん》ですぐ行動《こうどう》しちゃう元気《げんき》ガール。ものごとをあんまり深《ふか》く考《かんが》えないから、だいじなときに「わすれものしちゃった！」なんてあわてることがよくあるかも。

あわてんぼう度《ど》
95%

性格編《せいかくへん》4

Q. どうやってねる？

夜《よる》ねるとき、
あなたはどんなふうにねる？
次《つぎ》のうち近《ちか》いものを選《えら》んでね。

A　上《うえ》を向《む》いてねる

B　横《よこ》向《む》きにねる

C　うつぶせにねる

D　なんどもねがえりをうつ

Z Z

き虫《むし》度《ど》

Aを選《えら》んだあなた

もらい泣《な》きタイプ

あなたはおおらかで楽天的《らくてんてき》なタイプ。悲《かな》しくて泣《な》くことはあまりないけれど、本《ほん》を読《よ》んだり映画《えいが》を見《み》たりすると、感《かん》動《どう》してつい泣《な》いちゃうことがあるよ。ハートがあったかいんだね。

Bを選《えら》んだあなた

くやし泣《な》きタイプ

あなたはまじめで自分《じぶん》にきびしいタイプ。うまくいかないことがあると、自分《じぶん》はどうしてできないんだろうって、くやしなみだが出《で》ちゃうよ。それだけ心《こころ》にアツいものを持《も》っているってこと！

性格編《せいかくへん》4のテストでわかるのは あなたの泣《な》

Cを選《えら》んだあなた

切《き》りかえじょうずタイプ

あなたはマイペースな自由人《じゆうじん》タイプ。興味《きょうみ》があることがハッキリしているから、よけいなことをイチイチ気にかけないよ。つらくても、気持《きも》ちを切《き》りかえるのがじょうず。なみだは見《み》せないよ！

Dを選《えら》んだあなた

かなりの泣《な》き虫《むし》タイプ

あなたはせん細《さい》でキズつきやすいタイプ。ひとりぼっちになると、さびしくてついなみだが出《で》てしまうよ。本《ほん》やマンガを読《よ》んでいて、気《き》づいたら夢中《むちゅう》になって泣《な》いてることも。

性格編《せいかくへん》5

Q.

好《す》きな絵《え》をかいてみよう

左《ひだり》ページに
人《ひと》や動《どう》物《ぶつ》、キャラクターなど好《す》きなものを
1つだけかいてみてね。

ひなたぼっこ

人《ひと》よし度《ど》

友《とも》だちや家族《かぞく》の絵《え》をかいたあなた

スーパー お人《ひと》よしタイプ

自分《じぶん》のまわりの大切《たいせつ》な人《ひと》の絵《え》をかいたあなたは、自分《じぶん》のためより人《ひと》のためにがんばっちゃうタイプ。みんなの笑顔《えがお》のためなら、どんなガマンだってできちゃう子《こ》だよ。

動物《どうぶつ》やお気《き》に入《い》りのキャラクターの絵《え》をかいたあなた

やさしい お人《ひと》よしタイプ

あなたがだいじに思《おも》っているかわいいものたちの絵《え》をかいたあなたは、やさしい心《こころ》の持《も》ち主《ぬし》。たよりにされるとイヤとは言《い》えずに、力《ちから》になってあげようとするよ。

性格編《せいかくへん》5のテストでわかるのは あなたのお

好《す》きなタレントやアイドルの絵《え》をかいたあなた

わりとふつうのタイプ

あこがれの人物《じんぶつ》の絵《え》をかいたあなたは、好《す》きなことにトコトン打《う》ち込《こ》む情熱家《じょうねつか》さんタイプ。だいじにしている人《ひと》のためなら力《ちから》を貸《か》すけれど、それ以外《いがい》ならついスルー!?

自分《じぶん》の絵《え》をかいたあなた

人《ひと》より自分優先《じぶんゆうせん》タイプ

自分《じぶん》の絵《え》をかいたあなたは、とにかく自分大好《じぶんだいす》きタイプ。人《ひと》のためにがんばることがないわけじゃないけれど、まずは自分《じぶん》のやりたいことを優先《ゆうせん》させようとしちゃうかも。

Q. なに色《いろ》をぬる？

左《ひだり》ページのイラストの船《ふね》に
あなたが色《いろ》をぬるとしたら、
なに色《いろ》をぬる？

A レッド
B ブルー
C ホワイト
D イエロー
E パープル

性格編《せいかくへん》6のテストでわかるのは

あなたにおすすめのチャレンジ

Bを選《えら》んだあなた

きれいな字《じ》を書《か》く

あなたにおすすめなのは、ノートをとるときにきれいな字《じ》を書《か》くこと！　メンドくさいからってテキトーに書《か》いていると、いつまでたっても女子力《じょしりょく》が上《あ》がらない!?　じょうずな字《じ》じゃなくてもだいじょうぶ。きちんとていねいに書《か》くことで、心《こころ》もきれいになるよ♪

Aを選《えら》んだあなた

ライバルとのバトル

あなたにおすすめなのは、ライバルとのバトルに向《む》き合《あ》うこと。スポーツでもダンスでもならいごとでも、なんでもいいから挑戦《ちょうせん》してみてね。「自分《じぶん》なんて……」と一歩《いっぽ》引《ひ》くのはＮＧ《エヌジー》！　まっすぐぶつかってみると、自分《じぶん》でも想像《そうぞう》しなかったくらい成長《せいちょう》できるよ。

Dを選《えら》んだあなた

人前《ひとまえ》で特技《とくぎ》を披露《ひろう》

あなたにおすすめなのは、人前《ひとまえ》で自分《じぶん》の特技《とくぎ》を披露《ひろう》すること。学校行事《がっこうぎょうじ》やならいごと教室《きょうしつ》の発表会《はっぴょうかい》は絶好《ぜっこう》のステージ！　はずかしがったりエンリョしたりしないで、ここは気持《きも》ちを切《き》りかえて大胆《だいたん》にＧＯ《ゴー》★　けっこうハマっちゃいそうだよ♪

Cを選《えら》んだあなた

悪《わる》い習慣《しゅうかん》をやめる

あなたにおすすめなのは、自分《じぶん》の悪《わる》い習慣《しゅうかん》をやめること。ついついゲームに熱中《ねっちゅう》しちゃったり、お菓子《かし》を食《た》べすぎたりしていない……？　もし思《おも》い当《あ》たることがある子《こ》は、今《いま》すぐそんな習慣《しゅうかん》をやめよう。新《あたら》しい自分《じぶん》に生《う》まれかわるチャンスだよ！

Eを選《えら》んだあなた

おしゃれイメチェン

あなたにおすすめなのは、いつものコーデをリセットしてイメチェンをすること！　「これは自《じ》分《ぶん》には似合《にあ》わないなぁ……」なんて思《おも》い込《こ》んでいるものはない？　勇気《ゆうき》を出《だ》してチャレンジしてみると、「意外《いがい》といいかも★」って発見《はっけん》できるよ。

性格編《せいかくへん》7

どこにつけ足《た》す？

Q. もしあなたの顔《かお》にホクロを1つ足《た》すとしたら、どこがいい？

A 目《め》の下《した》

B 口《くち》のまわり

C 目立《めだ》たないところ

性格編《せいかくへん》7のテストでわかるのは

あなたのなりたい自分《じぶん》

Bを選《えら》んだあなた

ほしいものゲット！
リッチガールな自分《じぶん》

あなたがなりたいのは、お年玉《としだま》やクリスマスプレゼントをいろんな人《ひと》からもらえちゃうリッチガール。ゲームや洋服《ようふく》などほしいものはだれかに買《か》ってもらえて、自分《じぶん》でもばんばんゲットできちゃう♪ そんなよゆうたっぷりな生活《せいかつ》を送《おく》ってみたいと思《おも》っているよ。

Aを選《えら》んだあなた

人気集中《にんきしゅうちゅう》！
モテガールな自分《じぶん》

あなたがなりたいのは、男子《だんし》からも女子《じょし》からも超人気《ちょうにんき》のモテガール。だれもがあなたのことを好《す》きだから、学校《がっこう》はもちろん、ならいごと教室《きょうしつ》や塾《じゅく》など、いろんなところで声《こえ》をかけられちゃってたいへん！　そんなアイドル的存在《てきそんざい》になりたいと思《おも》っているみたい。

Cを選《えら》んだあなた

人《ひと》に愛《あい》される
ハッピーガールな自分《じぶん》

あなたがなりたいのは、家族《かぞく》や友《とも》だちと深《ふか》いキズナで結《むす》ばれているハッピーガール。ふだんどんなに仲間《なかま》と盛《も》りあがっていても、みんなは心《こころ》の底《そこ》でどう思《おも》っているかはわからないと考《かんが》えているみたい。だからこそ、みんなに心《こころ》から愛《あい》されたいと思《おも》っているよ！

性格編《せいかくへん》8

お風《ふ》呂《ろ》に入《はい》るときは？

Q.

お風《ふ》呂《ろ》に入《はい》るとき、あなたがまず必《ひつ》要《よう》だと思《おも》うものは？

A　ボディソープ

B　シャンプー

C　入《にゅう》浴《よく》ざい

D　アヒルのおもちゃ

性格編《せいかくへん》8のテストでわかるのは

あなたのホンネ

Bを選《えら》んだあなた

人《ひと》から注目《ちゅうもく》されたい！

まっさきに人目《ひとめ》につく頭《あたま》を洗《あら》うシャンプーを選《えら》んだあなたは、かくれ目立《めだ》ちたがり屋《や》ガール。長所《ちょうしょ》をみとめてもらって、まわりから「すごいね」「かわいいね」って言《い》われたい子《こ》だよ。

Aを選《えら》んだあなた

すごいヒミツがある！

体《からだ》を洗《あら》うボディソープを選《えら》んだあなたは、心《こころ》の奥《おく》にヒミツをかかえているタイプ。大《おお》きなヒミツじゃないけれど、自分《じぶん》では「ゼッタイだれにも言《い》えない！」って思《おも》っているよ。

Dを選《えら》んだあなた

かまってほしい！

かわいいアヒルを選《えら》んだあなたは、友《とも》だちや家族《かぞく》からもっとかまってほしいと思《おも》っているよ。あまえたいのにあまえられなくて、自分《じぶん》をグッとおさえているのかもしれないね。

Cを選《えら》んだあなた

ミリョク的《てき》になりたい！

ちょっぴり大人《おとな》っぽい入浴《にゅうよく》ざいを選《えら》んだあなたは、もっとミリョク的《てき》になってモテ度《ど》を上《あ》げたいタイプ。ほかの子《こ》より少《すこ》しだけ早《はや》く、男子《だんし》と付《つ》き合《あ》ってみたいって思《おも》っているかも!?

性格編《せいかくへん》9

雨《あめ》の日《ひ》は……？

Q. 朝《あさ》起《お》きてカーテンを開《あ》けたら、外《そと》は雨《あめ》。あなたならどう思《おも》う？

A 「あ～あ。雨《あめ》かぁ……」

B 「カサ持《も》っていかなきゃ」

C 「今日《きょう》はおうちにいようっと」

D 「お外《そと》が雨《あめ》にぬれてキラキラしている」

性《せい》格《かく》編《へん》9のテストでわかるのは

あなたが落《お》ち込《こ》みから復《ふっ》活《かつ》する方《ほう》法《ほう》

Aを選《えら》んだあなた

おいしいものを食《た》べる

あなたはとっても素《す》直《なお》な感《かん》性《せい》の持《も》ち主《ぬし》。落《お》ち込《こ》んだときは、ごはんをおなかいっぱい食《た》べて元《げん》気《き》を取《と》り戻《もど》すタイプだよ。おうちの人《ひと》がつくってくれるごはんは最《さい》強《きょう》のお守《まも》りかも！

Bを選《えら》んだあなた

友《とも》だちに話《はなし》を聞《き》いてもらう

まじめでしっかりしたあなたは、なやみを友《とも》だちに打《う》ち明《あ》けて、人《ひと》の意《い》見《けん》を聞《き》くタイプ。自《じ》分《ぶん》ひとりで「これはこう」と決《き》めつけず、いろんな見《み》方《かた》があるんだって思《おも》えるよ。

Cを選《えら》んだあなた

いつもどおり！

マイペースなあなたは、日《ひ》々《び》のスケジュールをたんたんとこなすことで心《こころ》が安《あん》定《てい》するタイプ。落《お》ち込《こ》んだときこそ、いつもと同《おな》じことを同《おな》じテンションでやっていくのがいいよ。

Dを選《えら》んだあなた

人《ひと》の気《き》持《も》ちを思《おも》いやる

心《こころ》やさしいあなたは、人《ひと》の気《き》持《も》ちになってものごとを考《かんが》えられるタイプ。落《お》ち込《こ》んだとき、「みんなつらいのかも」と想《そう》像《ぞう》するとgood《グッド》。心《こころ》のモヤモヤがスーッと消《き》えていくよ。

性格編《せいかくへん》10

どのもようが好《す》き？

Q.

いろんなもようのマグカップがあるよ。あなたが好《す》きなのはどれ？

A 水《みず》玉《たま》もよう

B ボーダー

C 足《あし》あとマーク

D 魚《さかな》のもよう

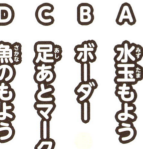

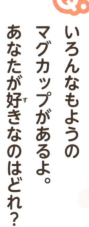

ワガママ度《ど》

Aを選《えら》んだあなた

けっこう ワガママタイプ

ふだんは出《だ》さないように気《き》をつけているけど、実《じつ》は意外《いがい》とワガママなところがあるよ。自分《じぶん》の思《おも》うようにならないと、つい感《かん》情的《じょうてき》になっちゃうことも。そういうところもカワイイよ。

Bを選《えら》んだあなた

ワガママ言《い》わない “大人《おとな》っぽ”タイプ

イヤなことがあっても、「しかたない」とナットクできる人《ひと》。同《おな》い年《どし》の友《とも》だちに比《くら》べて、大人《おとな》っぽいところがあるよ。ガマンしすぎていつかバクハツしないように気《き》をつけようね。

性《せい》格《かく》編《へん》10のテストでわかるのは あなたの

Cを選《えら》んだあなた

ちょっぴり ワガママタイプ

思《おも》いどおりにならないことがあると、ちょっぴり暗《くら》い顔《かお》で「気《き》づいてオーラ」を出《だ》すタイプだよ。ワガママは言《い》わないかわりに、少《すこ》しでいいから自分《じぶん》のことをかまってほしいんだね。

Dを選《えら》んだあなた

かくれ ワガママタイプ

「もっとこうしてほしい」と思《おも》うことがあっても、いったんガマンしちゃうタイプ。だけどホントは、もっと自分《じぶん》の気持《きも》ちを知《し》ってほしい、やりたいようにさせてほしいって思《おも》っているよ。

コラム

運気《うんき》がアップするおまじない②

緑《みどり》の紙《かみ》にグリーンのペンで、四《よ》つ葉《ば》のクローバーをかこう。それを小《ちい》さくたたんで持《も》ち歩《ある》けば、願《ねが》いがかなうよ★

朝《あさ》、太陽《たいよう》に向《む》かって両手《りょうて》をあげて、そのまま胸《むね》の上《うえ》でクロスさせよう。幸《しあわ》せをキャッチできるよ！

第《だい》3章《しょう》

恋《れん》愛《あい》編《へん》

どきどき♡恋《こい》の ぶんせきテスト

片《かた》思《おも》いのカレのことから、自《じ》分《ぶん》の恋《れん》愛《あい》パターンまで……。あなたのホントのキモチが見《み》えちゃうかも！

恋《れん》愛《あい》編《へん》1

どれを選《えら》ぶ？

選《えら》んだ答《こた》えの横《よこ》に書《か》いてある数字《すうじ》を足《た》していってね。

Q.1

ゲームセンターで
クレーンゲームにチャレンジ！
あなたなら
なに色《いろ》のグッズがほしい？

A　ピンク(5点《てん》)
B　ブルー(3点《てん》)
C　グリーン(1点《てん》)

Q.2

今日《きょう》はハロウィーン！　あなたならどんなコスプレをする？

A　おばけ(3点《てん》)
B　魔女《まじょ》(5点《てん》)
C　お姫《ひめ》さま(1点《てん》)

Q.3

冷蔵庫《れいぞうこ》を開《あ》けたとき、
パッと目《め》についちゃう
ものってなに？

A　たまご(3点《てん》)
B　ジュース(5点《てん》)
C　ミルク(1点《てん》)

Q.4

おうちの人《ひと》から
おこづかいをもらったよ。
あなたならなにに使《つか》う？

A　お菓子《かし》を買《か》う(3点《てん》)
B　ためておく(1点《てん》)
C　アクセサリーを買《か》う(5点《てん》)

Q.5

あなたが好《す》きな
おにぎりの具《ぐ》はなに？

A　うめ(1点《てん》)
B　ツナマヨ(5点《てん》)
C　シャケ(3点《てん》)

Q.6

みかんを食《た》べるとき、
あなたはどうやって皮《かわ》をむく？

**A　ヘタのところから
皮《かわ》をむく(3点《てん》)**
B　おしりから皮《かわ》をむく(1点《てん》)
C　気分《きぶん》でかえる(5点《てん》)

Q.7

今《いま》、あなたのお気《き》に入《い》りの
アクセサリーは？

A　カチューシャ(5点《てん》)
B　シュシュ(1点《てん》)
C　ブレスレット(3点《てん》)

Q.8

本《ほん》だなの本《ほん》、あなたは
どうやって並《なら》べている？

A　ジャンル別《べつ》(3点《てん》)
B　色別《いろべつ》(5点《てん》)
C　てきとう(1点《てん》)

Q.9

遊園地《ゆうえんち》のアトラクション。
あなたが最初《さいしょ》に乗《の》りたいのはどれ？

A　ジェットコースター(3点《てん》)　B　かんらん車《しゃ》(5点《てん》)
C　メリーゴーラウンド(1点《てん》)

Q.10

ケータイが動《うご》かなくなっちゃった！
いったいどうしたんだと思《おも》う？

A　水《みず》にぬらしちゃった（1点《てん》）
B　高《たか》いところから落《お》っことした（3点《てん》）
C　充電《じゅうでん》が切《き》れただけ（5点《てん》）

Q.11

新《あたら》しいクツを買《か》って
もらえることになったよ。
あなたならどんなクツがほしい？

A　ブーツ（5点《てん》）　B　スニーカー（1点《てん》）
C　バレエシューズ（3点《てん》）

なん点《てん》になったかな？

Q.1～Q.11の答《こた》えを足《た》した数字《すうじ》の合計《ごうけい》は
いくつになったかな？

46点《てん》以上《いじょう》➡Aタイプへ

33点《てん》～45点《てん》➡Bタイプへ

20点《てん》～32点《てん》➡Cタイプへ

19点《てん》以下《いか》➡Dタイプへ

診断結果《しんだんけっか》は次《つぎ》のページにあるよ。

モテ度《ど》

46点《てん》以《い》上《じょう》 Aタイプ

モテ度《ど》
90%

みんなにモテモテ！

あなたは、だれからも好《す》かれる人気者《にんきもの》！　あなたにはその気《き》がなくても、いろんなところで男子《だんし》のハートをつかんじゃっているみたいだよ。いきなり告《こく》られる、なんてこともあるかも♥

33〜45点《てん》 Bタイプ

モテ度《ど》
60%

男子《だんし》からは好感度《こうかんど》高《たか》め！

クラスやならいごと教室《きょうしつ》のなかでなん人《にん》か、あなたのことを気《き》にしている男子《だんし》がいるみたい。好感度《こうかんど》が高《たか》いあなたなら、両思《りょうおも》いだって夢《ゆめ》じゃない！　自分《じぶん》から話《はな》しかけたら、グッと距離《きょり》がちぢまるかも!?

恋愛編《れんあいへん》1のテストでわかるのは あなたの

モテ度《ど》
50%

20〜32点《てん》 Cタイプ

「この人《ひと》！」な人《ひと》とラブラブ♥

たくさんの男子《だんし》からモテるっていうより、「この人《ひと》！」と思《おも》ったカレとラブラブになれるタイプだよ。それは友《とも》だちに対《たい》しても同《おな》じ。大切《たいせつ》だと思《おも》う人《ひと》に一生《いっしょう》けん命《めい》になれるあなただからこそだね！

モテ度《ど》
40%

19点《てん》以《い》下《か》 Dタイプ

女子《じょし》のあいだでモテ♥

男子《だんし》にモテることより、女《おんな》の子《こ》とのキズナをだいじにするよ。そんなあなたは女子《じょし》ウケばっちり！　男子《だんし》からのおさそいより、女子《じょし》の友《とも》だちとの約束《やくそく》を優先《ゆうせん》しちゃうことが多《おお》いかも!?

恋《れん》愛《あい》編《へん》2

どのおうちを選《えら》ぶ？

Q.

絵《え》の中《なか》におうちが
たくさんあるよ。
あなたが
住《す》んでみたいと
思《おも》ったおうちは、
次《つぎ》の4つのうち、
どれ？

A とかげのおうち

B とんかつのおうち

C しろくまのおうち

D ぺんぎん?のおうち

恋愛編《れんあいへん》2のテストでわかるのは

友《とも》だちと同《おな》じ人《ひと》を好《す》きになったら？

Aを選《えら》んだあなた

じっくりと考《かんが》える

「好《す》き」という気持《きも》ちを優先《ゆうせん》させて、そのために友《とも》だちを失《うしな》うのはイヤ。かといって、友《とも》だちのために好《す》きな人《ひと》をあきらめることもできない……。あなたは、友《とも》だちの行動《こうどう》などようすを見《み》ながら、どうするか決《き》めていくよ。

Bを選《えら》んだあなた

次《つぎ》の恋《こい》に切《き》りかえる

同《おな》じ人《ひと》を選《えら》んだならしかたない！と、スパッと次《つぎ》の恋《こい》を明《あか》るく探《さが》すよ。切《き》りかえが早《はや》すぎて、カレも友《とも》だちもびっくりしちゃうかも。でも、そんなあなたの姿《すがた》に、次《つぎ》の恋人《こいびと》はきっとミリョクを感《かん》じてくれるよ。

Cを選《えら》んだあなた

恋《こい》も友情《ゆうじょう》もどうどう勝負《しょうぶ》！

友《とも》だちが恋《こい》のライバルだったとわかっても、「好《す》き」という気持《きも》ちは止《と》められない！　友《とも》だちには「おたがい正々《せいせい》どうどうと戦《たたか》おう！」とあなたの素直《すなお》な気持《きも》ちを伝《つた》えるよ。恋《こい》も友情《ゆうじょう》もまっすぐつき進《すす》みそう。

Dを選《えら》んだあなた

ダンゼン友情《ゆうじょう》をとる！

好《す》きな人《ひと》のことは大切《たいせつ》だけど、それ以上《いじょう》に友《とも》だちとは一生仲《いっしょうなか》よしでいたいと思《おも》うタイプだよ。とってもつらいことだし、すっごくなやむけど、あなたは友《とも》だちのためならと、好《す》きな人《ひと》のことをあきらめてしまう可能性《かのうせい》も。

恋愛編《れんあいへん》3

なん曜《よう》日《び》が似《に》合《あ》う？

Q.

月曜《げつよう》から日曜《にちよう》までの
1週間《しゅうかん》の曜日《ようび》を、
あなたのまわりの男《おとこ》の子《こ》に
当《あ》てはめてみて。
あまり考《かんが》えず、パッと
直感《ちょっかん》で答《こた》えてね。

恋愛編《れんあいへん》3のテストでわかるのは

あなたはその子《こ》をどう思《おも》っている？

火《か》曜日《ようび》に当《あ》てはめた人《ひと》

気《き》になっている人《ひと》

調子《ちょうし》に乗《の》っていることが多《おお》いから、時々《ときどき》ムカつくことがある子《こ》。でもそれって実《じつ》は、カレのことが気《き》になっている証拠《しょうこ》。いつか「好《す》き」って気持《きも》ちに気《き》づくことがあるかもね♪

月《げつ》曜日《ようび》に当《あ》てはめた人《ひと》

ずっといっしょにいたい人《ひと》

いつもおもしろトークで笑《わら》わせてくれたり、つらいときにやさしい言葉《ことば》をかけてくれる子《こ》。家族《かぞく》みたいに「ずっといっしょにいたいなぁ」って思《おも》わせてくれる相手《あいて》だよ。

木《もく》曜日《ようび》に当《あ》てはめた人《ひと》

相談《そうだん》に乗《の》ってほしい人《ひと》

だれにでも親切《しんせつ》で、どこか大人《おとな》っぽいフンイキのある子《こ》。実《じつ》は心《こころ》のどこかでリスペクトしている相手《あいて》だよ。本当《ほんとう》にこまったときは、相談《そうだん》に乗《の》ってほしいかも!!

水《すい》曜日《ようび》に当《あ》てはめた人《ひと》

いろんな話《はなし》をしてみたい人《ひと》

なんでも知《し》っていて、どんな話題《わだい》をふってもトークをふくらませてくれる子《こ》。楽《たの》しいときばかりじゃないけれど、「もっといろいろ話《はな》してみたいな」と思《おも》わせてくれるよ。

土《ど》曜日《ようび》に当《あ》てはめた人《ひと》

メンドくさい人《ひと》

いい人《ひと》だけれど、どこか気《き》むずかしい男《おとこ》の子。ためになることを言《い》ってくれるけれど、口《くち》うるさい先生《せんせい》や上級生《じょうきゅうせい》みたいで、ちょっぴりイヤだなって思《おも》っているよ。

金《きん》曜日《ようび》に当《あ》てはめた人《ひと》

付《つ》き合《あ》ってみたい人《ひと》

どこか華《はな》やかなオーラのある人気者《にんきもの》。はっきり「好《す》き」って自覚《じかく》しているワケじゃなくても、心《こころ》のどこかで「もしカレと付《つ》き合《あ》ったらどうなるかな？」なんてイメージしちゃう!?

日《にち》曜日《ようび》に当《あ》てはめた人《ひと》　**あこがれの人《ひと》**

ハツラツとした笑顔《えがお》が印象的《いんしょうてき》な子《こ》。なんとも思《おも》っていないつもりでも、気《き》づいたらその子《こ》の姿《すがた》を追《お》っていることがあるよ。ホントは心《こころ》の奥《おく》であこがれているのかも。

恋愛編《れんあいへん》4

どんな夢《ゆめ》を見《み》る？

Q. 次《つぎ》のうち、あなたがよく見《み》る夢《ゆめ》はどれ？イメージに近《ちか》いと思《おも》ったものを1つ選《えら》んでね。

A 空《そら》を飛《と》ぶ夢《ゆめ》

B 追《お》いかけられる夢《ゆめ》

C 学校《がっこう》の夢《ゆめ》

D 遊《あそ》んでいる夢《ゆめ》

浮《うわ》気《き》っぽさ度《ど》

Aを選《えら》んだあなた

フラフラよそ見《み》しがち

恋愛《れんあい》でものびのび自由《じゆう》でいたいから、ひとりの男《おとこ》の子《こ》とじっくり付《つ》き合《あ》うより、いろんな子《こ》とふれ合《あ》って楽《たの》しみたいと思《おも》っているよ。だから浮気《うわき》っぽいって言《い》われちゃうのかも!?

Bを選《えら》んだあなた

ときどき浮気心《うわきごころ》が……

好《す》きな男《おとこ》の子《こ》ができると、その子《こ》のことをずっと考《かんが》えて頭《あたま》から離《はな》れなくなっちゃうよ。でも、ときどきふいに浮気心《うわきごころ》がめばえて、ほかの男子《だんし》が気《き》になっちゃうことも！

恋愛編《れんあいへん》4のテストでわかるのは あなたの

Cを選《えら》んだあなた

本命《ほんめい》ひとすじ!!

あなたは男《おとこ》の子《こ》と付《つ》き合《あ》ったら、おたがい相手《あいて》だけを見《み》なきゃダメだって考《かんが》えるよ。だから、ほかの男子《だんし》からアプローチされても、「カレがいるから」とピシャリと断《ことわ》っちゃう！

Dを選《えら》んだあなた

楽《たの》しければOK《オーケー》！

あんまりカタいことは考《かんが》えないから、たとえカレがいても、ほかの男子《だんし》ともふつうに仲《なか》よくするよ。そのままふたり同時《どうじ》に付《つ》き合《あ》っちゃうなんてこともあるかも!?

恋愛編《れんあいへん》5

好《す》きな絵《え》をかいてみよう

Q.

この電車《でんしゃ》、
どこへ向《む》かっていると思《おも》う？
あなたがピンときた行《い》き先《さき》を、
左《ひだり》ページの枠《わく》の中《なか》に
イラストでかいてみてね。

ねこ

恋《こい》の攻《せ》めかた

おうちやタワーなど、建物《たてもの》をかいたあなた

自分《じぶん》から積極的《せっきょくてき》にアプローチ！

積極的《せっきょくてき》にアプローチする派《は》！　自分《じぶん》から声《こえ》をかけては、おもしろそうな話題《わだい》をふってカレの注意《ちゅうい》を引《ひ》こうとするよ。友情《ゆうじょう》から恋《こい》へと発展《はってん》させていくのが得意《とくい》だよ♪

山《やま》や海《うみ》など、景色《けしき》をかいたあなた

少《すこ》しずつ時間《じかん》をかけて

キズつきたくないという気持《きも》ちから、恋愛《れんあい》にはやや慎重派《しんちょうは》!! いいなと思《おも》うカレがいたら、時間《じかん》をかけて仲《なか》よくなろうとするよ。ちょっぴり気《き》の長《なが》い作戦《さくせん》だけど、大《おお》きな失敗《しっぱい》はしないよ♪

恋愛編《れんあいへん》5のテストでわかるのは あなたの

友《とも》だちや知《し》り合《あ》いなど、人《ひと》を中心《ちゅうしん》にかいたあなた

友《とも》だちにたよる！

友《とも》だちを味方《みかた》につけて恋愛《れんあい》するタイプ♥　気《き》になるカレができたら、まずは友《とも》だちに相談《そうだん》！　好《す》きな女《おんな》の子《こ》がいないか、それとなくカレに聞《き》いてもらったりするよ。

それ以外《いがい》のものをかいたあなた

直感《ちょっかん》を信《しん》じて行動《こうどう》！

イマジネーションをはたらかせて直感《ちょっかん》で行動《こうどう》！　ふと思《おも》い立《た》ってカレに話《はな》しかけたり、いきおいで告白《こくはく》してまわりをビックリさせたりすることも。学校行事《がっこうぎょうじ》のあとなど、特別《とくべつ》な日《ひ》はチャンスだよ★

恋愛編《れんあいへん》6

Q.

なに色《いろ》をぬる？

左《ひだり》ページのイラストを見《み》て質問《しつもん》に答《こた》えてね。

もしあなたが喫茶店《きっさてん》のカベに色《いろ》をぬるとしたら、なに色《いろ》をぬる？

A　ブラウン

B　シルバー

C　オレンジ

D　ピンク

E　クリーム

はいっ
ゆっくりね
black
COFFEE
SUMIKKO GURASHI
COFFEE

恋愛編《れんあいへん》6のテストでわかるのは

あなたはどんなカップルになる？

Aを選《えら》んだあなた

大人《おとな》めカップル

まるで長《なが》い間《あいだ》付《つ》き合《あ》っている大人《おとな》のカップルみたいに、おだやかで落《お》ち着《つ》いた関係《かんけい》になるよ。心《こころ》がしっかりと通《つう》じ合《あ》っているふたり。だいじなこともかくさず相談《そうだん》できるのは、信《しん》頼《らい》のあかしだね。

Bを選《えら》んだあなた

人気者《にんきもの》カップル

華《はな》やかなフンイキがあるふたりだから、みんなのあこがれの的《まと》！「あのカップル、かっこいいね」なんて、知《し》らないところでウワサされたりするよ。人気《にんき》のカフェやショップで、おしゃれなデートが楽《たの》しめそう！

Cを選《えら》んだあなた

モテモテカップル

相手《あいて》のことはもちろん大切《たいせつ》だけど、それと同《おな》じくらい仲間《なかま》や趣味《しゅみ》をだいじにするふたり。気《き》がつけば、ほかの相手《あいて》からアピールされちゃうことも……!?　ノリで浮気《うわき》に発展《はってん》、なんてことには気《き》をつけないとね。

Dを選《えら》んだあなた

ラブラブカップル

少《すこ》しでも時間《じかん》があったら会《あ》いたいし、会《あ》えないときはLINE《ライン》や電話《でんわ》でつながっていたい！　まわりが引《ひ》いちゃうほど、ラブラブなカップルになるよ。人前《ひとまえ》でイチャイチャしたい気持《きも》ちはわかるけど、やりすぎは注意《ちゅうい》★

Eを選《えら》んだあなた

グループ交際《こうさい》カップル

ふたりきりで付《つ》き合《あ》うというより、グループで付《つ》き合《あ》うカップルになるよ。まるで学校《がっこう》のサークルみたいに、さわやかで和気《わき》あいあいとしたコミュニケーションを楽《たの》しみそう。関係《かんけい》はずっと長《なが》く続《つづ》くよ♪

恋愛編《れんあいへん》7

どんな手《て》紙《がみ》を書《か》く？

Q. 想像《そうぞう》してね。今《いま》、あなたの前《まえ》に便《びん》せんがあるよ。あなたならだれに手《て》紙《がみ》を書《か》く？

A おうちの人《ひと》

B 友《とも》だち

C 未来《みらい》の自《じ》分《ぶん》

D 大《だい》好《す》きなアイドル

恋愛編《れんあいへん》7のテストでわかるのは

あなたが恋《こい》に落《お》ちるとき

Aを選《えら》んだあなた　少《すこ》しずつ時間《じかん》をかけて

あなたはさびしがり屋《や》のあまえんぼうタイプ。幼《おさな》なじみのカレや、席《せき》が近《ちか》いカレといつもいっしょにいるうちに、少《すこ》しずつ気持《きも》ちが高《たか》まっていくよ。好《す》きになるのはとっても自然《しぜん》なことなんだね。

Bを選《えら》んだあなた　相談《そうだん》に乗《の》ってくれたとき

あなたはマジメで、ものごとに一生《いっしょう》けん命《めい》取《と》り組《く》むタイプ。こまったときになやみを聞《き》いてくれたり、アドバイスをくれた男子《だんし》にハートがキュン♥だんだん気《き》になりはじめちゃうよ。

Cを選《えら》んだあなた　夢《ゆめ》を語《かた》り合《あ》ったとき

あなたは前向《まえむ》きながんばり屋《や》さん。仲《なか》のいい男子《だんし》と将来《しょうらい》の夢《ゆめ》を語《かた》り合《あ》ううちに、カレのキラキラした瞳《ひとみ》にだんだん吸《す》い込《こ》まれていきそう。いっしょに夢《ゆめ》をかなえたいって心《こころ》にちかうよ★

Dを選《えら》んだあなた　かっこいい姿《すがた》を見《み》たとき

あなたはシャイなロマンチストタイプ。部活《ぶかつ》や体育祭《たいいくさい》で活《かつ》やくするカレの姿《すがた》を見《み》て、体《からだ》の中《なか》を電流《でんりゅう》がビリビリッと走《はし》ったようになるよ。あなたのなかで、カレがアイドルみたいにかがやきはじめそう。

恋愛編《れんあいへん》8

なにから食《た》べる？

Q. イラストをよく見《み》てね。このお弁当《べんとう》、あなたならなにから食《た》べる？

A たまご焼《や》き

B ウインナー

C ひじき

D ごはん

恋愛編《れんあいへん》8のテストでわかるのは

あなたと相性《あいしょう》がいい男《おとこ》の子《こ》

Aを選《えら》んだあなた　ハートあったか男子《だんし》

フワフワあまいたまご焼《や》きを選《えら》んだあなたには、やさしくてあったかい男《おとこ》の子《こ》がおすすめ♪　ヘコんでいるとき、「だいじょうぶか？」なんて声《こえ》をかけられたら、キュンとして落《お》ち込《こ》んでいた心《こころ》もいっきにアガる！

Bを選《えら》んだあなた　元気《げんき》なスポーツ男子《だんし》

赤《あか》くて楽《たの》しいウインナーを選《えら》んだあなたには、元気《げんき》いっぱいのスポーツ男《だん》子《し》がお似合《にあ》いだよ。ちょっぴりやんちゃでワンパクだけど、実《じつ》はけっこうピュアなハートの持《も》ち主《ぬし》の男《おとこ》の子《こ》にギャップもえ♥

Cを選《えら》んだあなた　クールな知性派男子《ちせいはだんし》

地味《じみ》だけど体《からだ》にいいひじきを選《えら》んだあなたは、ちょっぴり大人《おとな》っぽくてかしこい男《おとこ》の子《こ》と相性《あいしょう》◎。勉強《べんきょう》を教《おし》えてくれたり、こまったときにサポートしてくれたり、たよりになるよ！

Dを選《えら》んだあなた　お茶目《ちゃめ》なお笑《わら》い系男子《けいだんし》

もりもり食《た》べたいメインのごはんを選《えら》んだあなたには、楽《たの》しくてユーモアセンスのある男《おとこ》の子《こ》がぴったり！　カレがおもしろトークで笑《わら》わせてくれると、すっごくハッピーになれるよ♪

恋愛編《れんあいへん》9

どこからおそうじする？

Q

おうちの人《ひと》といっしょに
おそうじにチャレンジ！
あなたならどこからはじめる？

A 自《じ》分《ぶん》の部《へ》屋《や》

B リビング

C キッチン

D トイレ

恋愛編《れんあいへん》9のテストでわかるのは

あなたの恋《こい》でありがちな失敗《しっぱい》

Aを選《えら》んだあなた　エンリョしすぎて……

ちょっぴりシャイな性格《せいかく》がじゃまをして、いいなと思《おも》うカレがいても、自《じ》分《ぶん》の気《き》持《も》ちをうまく伝《つた》えられないよ！　あなたがもじもじしているすきに、アピールじょうずな女子《じょし》に先《さき》を越《こ》されちゃう危険《きけん》が!?

Bを選《えら》んだあなた　油断《ゆだん》しすぎて……

カレがほかの子《こ》たちと遊《あそ》んでいても、あなたは「ま、いっか」とスルーしちゃいがち。心《こころ》が広《ひろ》いことはいいことだけど、気《き》づいたときには、カレの気《き》持《も》ちは別《べつ》の女《おんな》の子《こ》にいっていた……なんて展開《てんかい》には要注意《ようちゅうい》だよ！

Cを選《えら》んだあなた　注文《ちゅうもん》が多《おお》すぎて……

しっかり者《もの》のあなたは、カレのちょっとした欠点《けってん》が気《き》になって、ついチェックしちゃいがち！　こまかいことを言《い》いすぎた結果《けっか》、「あいつ、なんかメンドくさい」と誤解《ごかい》されてしまう可能性《かのうせい》が‼

Dを選《えら》んだあなた　不満《ふまん》をため込《こ》みすぎて……

カレに言《い》いたいことはいっぱいあるんだけど、きらわれたくないからいつもガマンして言《い》えずじまい……。不満《ふまん》をため込《こ》みすぎてバクハツ！して、カレが離《はな》れていってしまわないようにご用心《ようじん》‼

恋愛編《れんあいへん》10

なに色《いろ》のトランクにする？

Q すみっコたちがいろんな色《いろ》のトランクを持《も》っているよ。あなたならなに色《いろ》を選《えら》ぶ？

A グリーン

B レッド

C イエロー

D ブルー

ヤキモチやき度《ど》

Aを選《えら》んだあなた

やくのも
やかれるのもニガテ

もともと友《とも》だちが多《おお》いあなたは、気《き》になる人《ひと》やカレがいろんな女子《じょし》と仲《なか》よくしていても、そんなに気《き》にならないよ！　ヤキモチは、やくのもやかれるのもちょっとニガテと思《おも》っているよ★

Bを選《えら》んだあなた

かなりのヤキモチやき！

好《す》きな人《ひと》には自分《じぶん》だけを見《み》ていてほしい！　ほかの女子《じょし》と楽《たの》しそうに話《はな》しているなんてありえない！っていうほど、あなたはかなりのヤキモチやきだよ。ふりむかせるために全力《ぜんりょく》でアプローチ！

恋愛編《れんあいへん》10のテストでわかるのは あなたの

Cを選《えら》んだあなた

やくけど、すぐにケロリ♪

好《す》きな人《ひと》やカレがほかの女子《じょし》と仲《なか》よくしていると、反射《はんしゃ》的《てき》に「なんで!?」ってあわてちゃう！　でも、しばらくすると、「ま、いっか」って、ヤキモチをやいていた気持《きも》ちがしずまっていくよ。

Dを選《えら》んだあなた

かくれヤキモチやき!?

好《す》きな人《ひと》やカレがほかの女子《じょし》と楽《たの》しそうに話《はな》しているのを見《み》て、なにも感《かん》じていなかったはずなのに、その映像《えいぞう》が頭《あたま》から離《はな》れなくなって……。ずーっとなん日《にち》も気《き》になっちゃう、ってことがありそう。意外《いがい》にヤキモチやきタイプ!?

コラム 運《うん》気《き》がアップするおまじない③

教《きょう》室《しつ》に入《はい》るとき、
右《みぎ》手《て》の人《ひと》さし指《ゆび》と
左《ひだり》手《て》の小《こ》指《ゆび》を
そっとタッチ。
大《だい》好《す》きな人《ひと》との
キズナがアップするよ。

金《きん》曜《よう》日《び》の夜《よる》に、
ハート型《かた》のチャームを
左《ひだり》の手《て》のひらにのせて
フーッと深《しん》呼《こ》吸《きゅう》してみよう。
たいせつな人《ひと》と
気《き》持《も》ちが通《つう》じ合《あ》えるよ★

第《だい》4章《しょう》

友《ゆう》情《じょう》編《へん》

仲《なか》よし♪ 友《とも》だちとの キズナアップテスト

あなたはどんな子《こ》と仲《なか》よくなれる!?
気《き》になる友《とも》だちのタイプや、もっと友《とも》だちと
仲《なか》よくなれる方《ほう》法《ほう》が見《み》えてきちゃう♪

どれを選《えら》ぶ？

Q.1〜Q.11の質問《しつもん》の答《こた》えを選《えら》んでね。

Q.1

あなたが今《いま》やってみたいのは、
次《つぎ》のうちどのゲーム？

A　音《おと》に合《あ》わせてタップしていく音楽《おんがく》ゲーム
B　かわいいキャラをつんでいくゲーム
C　物語《ものがたり》の主人公《しゅじんこう》になって、
ちがう世界《せかい》で活《かつ》やくするゲーム

Q.2

学校《がっこう》のろう下《か》を歩《ある》いていたら、
どこかから歌声《うたごえ》が聞《き》こえてきたよ。
だれがなにを歌《うた》っていたと思《おも》う？

A　となりのクラスが
合唱《がっしょう》コンクールの課題曲《かだいきょく》を練習《れんしゅう》していた
B　女子《じょし》が鼻歌《はなうた》で
アイドルのヒット曲《きょく》を歌《うた》っていた
C　元気《げんき》な男子《だんし》たちがラップバトルをしていた

Q.3

戦隊《せんたい》モノが大人気《だいにんき》。
もしあなたが戦隊《せんたい》に加《くわ》わるなら、
次《つぎ》のうちなに色《いろ》のメンバーになる？

A　ブルー
B　ピンク
C　イエロー

Q.4

学校《がっこう》にチコクしてきた子《こ》がいたよ。
いったいどうしたんだと思《おも》う？

A　ねぼうした
B　朝《あさ》、おなかが痛《いた》くなった
C　日曜日《にちようび》だとカンちがいしていた

Q.5

日曜日《にちようび》。これからお気《き》に入《い》りのコーデでお出《で》かけするよ。
おしゃれのポイントはなんだと思《おも》う？

A　手首《てくび》に巻《ま》いたシュシュ
B　リボンの付《つ》いたトップス
C　パッと目《め》を引《ひ》くキャップ

Q.6

もしタイムマシーンがあったら、
いつの時代《じだい》に行《い》ってなにをしたい？

A　未来《みらい》に行《い》って、自分《じぶん》がどんな大人《おとな》になっているか見《み》てみたい
B　過去《かこ》に行《い》って、自分《じぶん》が生《う》まれたしゅんかんを見《み》てみたい
C　ずーっと先《さき》の未来《みらい》に行《い》って、月《つき》や火星《かせい》に旅行《りょこう》してみたい

Q.7

次《つぎ》のうち、あなたが見《み》ていて
いちばん落《お》ち着《つ》くのはどれ？

A　たてづみ
B　うしろむきづみ
C　アーチづみ

A

B

C

Q.8

たぴおかがお絵《え》かきしているよ。
あなたがお絵《え》かきするなら、
なに色《いろ》のペンでかく？

A　青《あお》
B　赤《あか》
C　黄《き》色《いろ》

Q.9

学《がっ》校《こう》で
好《す》きな教《きょう》科《か》は？

A　国《こく》語《ご》
B　特《とく》にない
C　音《おん》楽《がく》や図《ず》工《こう》

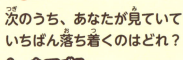

Q.10

読書《どくしょ》好《ず》きな友《とも》だちが、
「おもしろい本《ほん》があるから」と貸《か》してくれたよ。
どんな本《ほん》だと思《おも》う？
次《つぎ》のうち、イメージで選《えら》んでね。

A 「ようせいの国《くに》」という小説《しょうせつ》
B 「青春《せいしゅん》ブルーベリー」というマンガ
C 「マジックのヒミツ」というネタばらし本《ぼん》

Q.11

コンビニにお菓子《かし》を買《か》いに来《き》たよ。
あなたならなにを買《か》う？

A いつも買《か》っている、お気《き》に入《い》りのお菓子《かし》
B かわいいキャラクターのスナック菓子《がし》
C 初《はじ》めて見《み》かけた、新作《しんさく》のお菓子《かし》

あなたが選《えら》んだ答《こた》えは？

C	B	A

Q.1～Q.11で選《えら》んだA、B、Cの数《かず》の合計《ごうけい》を右《みぎ》の表《ひょう》に書《か》き入《い》れてね。

診断結果《しんだんけっか》は次《つぎ》のページにあるよ。

ラスでのキャラ

Aがいちばん多《おお》かったあなた

たよれる優等生《ゆうとうせい》キャラ

あなたはなんでもできちゃうきちんと女子《じょし》だと思《おも》われているよ。勉強《べんきょう》やならいごとも、いつだって手《て》ぬきナシ。友《とも》だちだけじゃなく、先生《せんせい》や大人《おとな》たちからの信頼《しんらい》もアツいよ。まわりからなにかとたよりにされることが多《おお》いのはそのせいかも。

Bがいちばん多《おお》かったあなた

愛《あい》されじょうずな妹《いもうと》キャラ

あなたはどこかほうっておけない女《おんな》の子《こ》だと思《おも》われているよ。自分《じぶん》からバンバン前《まえ》に出《で》るほうじゃないから、いつもだれかがなにかしてあげたくなっちゃう。素直《すなお》でかわいいフンイキが、まるで「妹《いもうと》みたい」と思《おも》わせちゃうんだね。

友情編《ゆうじょうへん》1のテストでわかるのは あなたのク

Cがいちばん多《おお》かったあなた

好奇心《こうきしん》おうせいなお目立《めだ》ちキャラ

あなたは楽《たの》しくてアクティブな女《おんな》の子《こ》だと思《おも》われているよ。いろんなことに興味《きょうみ》があって、「それおもしろそう！」とすぐ飛《と》びついては自分《じぶん》のものにしちゃう。そのポジティブで元《げん》気《き》いっぱいなミリョクで、気《き》づけばクラスの人気者《にんきもの》に★

2つが同《おな》じ数《かず》だったあなた

マイペースな天然《てんねん》キャラ

あなたはどこかつかみどころのないフシギな子《こ》だと思《おも》われているよ。楽《たの》しそうにワイワイトークしていたかと思《おも》うと、ふいに読書《どくしょ》をはじめたり。テンションがそのときどきでちがうから、「ホントはどんな子《こ》なんだろう？」とみんな興《きょう》味《み》シンシン！

友情編《ゆうじょうへん》2

Q.

なにから食《た》べる？

今日《きょう》は遠足《えんそく》だよ。
お弁当《べんとう》の時間《じかん》、あなたはなにから食《た》べる？

A　おにぎり

B　ウインナー

C　たまご焼《や》き

D　きゅうり

MAYO

いい友《とも》だちのタイプ

Aを選《えら》んだあなた

明《あか》るいアクティブガールタイプ

明《あか》るい性格《せいかく》で笑顔《えがお》がかわいい女《おんな》の子《こ》が、あなたとの相性《あいしょう》◎。笑《わら》いのツボが似《に》ていて、楽《たの》しいことを思《おも》いついたら「それやってみようよ！」と元気《げんき》いっぱいに乗《の》ってくれるよ。

Bを選《えら》んだあなた

トークじょうずな社交家《しゃこうか》さんタイプ

話題《わだい》が豊富《ほうふ》でお話《はなし》じょうずな社交的《しゃこうてき》な女《おんな》の子《こ》が、あなたとの相性《あいしょう》ばっちり！　いつの間《ま》にか人《ひと》がまわりにたくさん集《あつ》まってきて、ワイワイ盛《も》りあがっちゃうよ♪

友情編《ゆうじょうへん》2のテストでわかるのは あなたと相性《あいしょう》が

Cを選《えら》んだあなた

ほっこりなごみ系《けい》タイプ

いっしょにいるとホッとできるようなやさしい子《こ》が、シャイなあなたと相性《あいしょう》ぴったり。イヤなことはゼッタイ言《い》わないし、いつもあなたの気持《きも》ちを思《おも》いやってくれるよ！

Dを選《えら》んだあなた

おしゃれなモテガールタイプ

あなたと相性《あいしょう》がいいのは、センスがよくてモテるタイプの女《おんな》の子《こ》。おしゃれのコツを教《おし》えてくれたり、グループデートにさそってくれたりと、新《あたら》しい世界《せかい》を見《み》せてくれるよ★

友情編《ゆうじょうへん》3

Q. ラクガキしちゃお

すみっコたちがカベにラクガキしているよ。
もしあなたがラクガキするとしたら？
ピンとひらめいたものを、A～Dの中《なか》から選《えら》んで
左《ひだり》ページの枠《わく》の中《なか》にかいてみてね。

A 花《はな》やアクセサリーなど、もの系《けい》

B いぬやねこ、魚《さかな》などの動物《どうぶつ》系《けい》

C 人《ひと》の顔《かお》

D それ以外《いがい》

へのアピールポイント

Aを選《えら》んだあなた

流行《りゅうこう》を
キャッチするセンス

新《あたら》しい情報《じょうほう》をキャッチするのがじょうずなあなた。小《ちい》さな花《はな》をいっぱいかいていたら、ジャンルを問《と》わずあちこちにアンテナを立《た》てている証拠《しょうこ》。今流行《いまりゅうこう》していることをいち早《はや》くゲットして、友《とも》だちに教《おし》えてあげよう！

Bを選《えら》んだあなた

まわりをなごませる力《ちから》

ユルい空気感《くうきかん》で場《ば》をなごませることができる力《ちから》を持《も》っているよ！　キャラっぽくかいていたり、おもしろいポーズをつけてかいた子《こ》は、なごませ力《ちから》も高《たか》め★　あなたのまわりにはフシギと笑《え》顔《がお》がたえないよ。

友情編《ゆうじょうへん》3のテストでわかるのは あなたの友《とも》だち

Cを選《えら》んだあなた

おもしろいトーク力《りょく》

あなたは話《はなし》をおもしろく伝《つた》えることができるよ！　笑《わら》った顔《かお》や、変《へん》顔系《がおけい》のコミカルな人《ひと》をかいていたら、ユーモアセンスもじゅうぶん♪　トーク力《りょく》をいかして、いろんな話《はなし》をしてみんなを楽《たの》しませちゃおう♪

Dを選《えら》んだあなた

ココロの広《ひろ》さ

こまかいことは気《き》にしない！　マイペースなところが、あなたがまわりから愛《あい》される理由《りゆう》だよ。パッと見《み》て、なんだかよくわからないものをかいている子《こ》は、「天然《てんねん》だね」なんて言《い》われがち♪　でも、そんなあなたの姿《すがた》にみんなとてもいやされているみたい！

友情編《ゆうじょうへん》4

なにを注《ちゅう》文《もん》する？

Q. もしカフェで
ランチを食《た》べるとしたら、
なにをオーダーする？

A サンドイッチ

B オムライス

C カレー

D ハンバーグ

Special set
• Sandwich
• Coffee
SUMIKKO
Coffee
PREMIUM
MENU
MENU
バイト募集中
Z Z

友情編《ゆうじょうへん》4のテストでわかるのは

友《とも》だちと盛《も》りあがるトーク

Aを選《えら》んだあなた

おしゃれの話《はなし》

今気《いまき》になっている洋服《ようふく》やファッションブランドのことなど、おしゃれについての話《はなし》をしてみて！「ふたごコーデしていっしょにでかけよう！」なんて話《はなし》で盛《も》りあがりそう！

Bを選《えら》んだあなた

友《とも》だちや家族《かぞく》の話《はなし》

「妹《いもうと》が自転車《じてんしゃ》に乗《の》れるようになったんだ～」なんて、ほっこりできるトークをふってみよう。あなたがおだやかに話《はな》すようすに友《とも》だちもなごんで、ほんわか笑顔《えがお》になってくれるよ！

Cを選《えら》んだあなた

お笑《わら》いネタ

テレビで見《み》たお笑《わら》い芸人《げいにん》さんのネタをマネしてみたり、一発《いっぱつ》ギャグをやってみたりして、みんなを笑《わら》わせよう！　あなたの目《め》のつけどころをおもしろがってくれて、たちまち人気者《にんきもの》に♪

Dを選《えら》んだあなた

将来《しょうらい》の夢《ゆめ》

「大《おお》きくなったら○○になりたいんだ」と、心《こころ》の奥《おく》に秘《ひ》めた夢《ゆめ》を打《う》ち明《あ》けてみよう。友《とも》だちも将来《しょうらい》の夢《ゆめ》をあなたに教《おし》えてくれて、いっしょにがんばろうとはげまし合《あ》えるよ★

友情編《ゆうじょうへん》5

はずれが出《で》たら？

Q. 当《あ》たり付《つ》きアイスを買《か》ったら、はずれが出《で》ちゃった。あなたならどう思《おも》う？

A あ～あ、残念《ざんねん》！

B もう1本《ぽん》買《か》おう

C ま、そういうもんだよね

友情編《ゆうじょうへん》5のテストでわかるのは

ケンカした友《とも》だちとの仲《なか》なおり方法《ほうほう》

Bを選《えら》んだあなた

真正面《ましょうめん》からぶつかる！

ケンカしたあと、「なんでこうなっちゃったんだろ」ってモヤモヤしている気持《きも》ちがあるよね。その気持《きも》ちをストレートに相手《あいて》に伝《つた》えてみよう。「ケンカなんてしたくない。また仲《なか》よくしたい！」って正直《しょうじき》に言《い》えば、相手《あいて》もきっと笑顔《えがお》でニッコリうなずいてくれるよ！

Aを選《えら》んだあなた

自分《じぶん》からあやまる

ケンカしてつらい気持《きも》ちになっているのは相手《あいて》も同《おな》じ。どっちが悪《わる》いとか言《い》う前《まえ》に、まず自分《じぶん》から先《さき》にあやまっちゃおう！　あなたがあやまることで、ケンカした友《とも》だちも素直《すなお》になって「わたしこそごめんね」って言《い》ってくれるよ。ケンカがきっかけで、より一層《いっそう》仲《なか》よしになれるはず！

Cを選《えら》んだあなた　相手《あいて》の話《はなし》を聞《き》く

ケンカしちゃったのは、おたがいこだわりがあったからかも！　あなたは冷静《れいせい》で頭《あたま》がいいから、どこがどうぶつかって気持《きも》ちがすれちがったのか一度《いちど》よく考《かんが》えてみよう。友《とも》だちがどんな気持《きも》ちなのか、話《はなし》を聞《き》いてみるのも◎。「なるほど、そういうことだったのか」とナットクできて、仲《なか》なおりできるよ‼

友情編《ゆうじょうへん》6

なにを買《か》う？

Q. だがし屋《や》さんでお買《か》いものするとしたら、なにを買《か》う？

A おせんべい

B チョコ

C グミ

D キャンディ

友《とも》だち思《おも》い度《ど》

Aを選《えら》んだあなた

めんどう見《み》のいい お母《かあ》さんタイプ

あなたはハートのあったかい女《おんな》の子《こ》。友《とも》だちのことをよく見《み》ているから、ヘコんでいる子《こ》がいたらさりげなく声《こえ》をかけてあげたり、こまっている子《こ》を助《たす》けてあげたりと、こまやかに気《き》をくばるよ。

Bを選《えら》んだあなた

人《ひと》は人《ひと》、自分《じぶん》は自分《じぶん》タイプ

あなたはクールで大人《おとな》っぽい女《おんな》の子《こ》。友《とも》だちのことは大事《だいじ》だけど、いつでもべったりはニガテ。それぞれの時間《じかん》を大切《たいせつ》にして、おたがいにリスペクトしていければと思《おも》っているよ。

友情編《ゆうじょうへん》6のテストでわかるのは あなたの

Cを選《えら》んだあなた

あまえんぼうの かまってちゃんタイプ

あなたはちょっぴりシャイな女《おんな》の子《こ》。ひとりぼっちはさびしいけど、自分《じぶん》から友《とも》だちの輪《わ》に入《はい》っていくのは勇気《ゆうき》がいるタイプ。向《む》こうから話《はな》しかけてくれたらなぁ～、って待《ま》っているよ。

Dを選《えら》んだあなた

さわやか 友《とも》だち思《おも》いタイプ

あなたは社交《しゃこう》じょうずな女《おんな》の子《こ》。友《とも》だちはたくさんいるから、いろんな場《ば》でいろんなタイプの子《こ》と話《はな》すのが好《す》きだよ。なにかあれば力《ちから》になるけど、ふだんはサラッと付《つ》き合《あ》うよ。

コラム 運《うん》気《き》がアップするおまじない④

教《きょう》室《しつ》に入《はい》る前《まえ》に、まばたきをしながら
右《みぎ》手《て》で左《ひだり》うでをポンとタッチして。
その日《ひ》を楽《たの》しくすごせるよ★

チェックの柄《がら》のメモに、緑《みどり》のペンで
仲《なか》よくなりたい子《こ》の名《な》前《まえ》を書《か》こう。
1か月《げつ》以《い》内《ない》に
友《とも》だちになれるよ♪

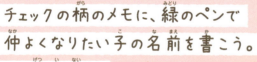

第《だい》5章《しょう》

未《み》来《らい》編《へん》
わくわく! あなたの未《み》来《らい》予《よ》言《げん》テスト

将《しょう》来《らい》、あなたはどんな人《ひと》になる……!?
心《しん》理《り》テストに答《こた》えて、どきどきのあなたの
未《み》来《らい》の姿《すがた》に会《あ》いに行《い》こうっ!

未来編《みらいへん》1

チェックしてね

次《つぎ》のうち、自分《じぶん》に当《あ》てはまるものにチェックしてね。チェックの数《かず》を最後《さいご》に数《かぞ》えるよ。

- □ とっても食《く》いしんぼうだ

- □ 今《いま》好《す》きな男《おとこ》の子《こ》がいる
- □ ダンスよりスイミングやサッカーのほうが好《す》き

- □ アニメやゲームにはあまり興味《きょうみ》がない

□ スカートより
パンツが好《す》き

□ つらいことがあっても
乗《の》りこえていく自信《じしん》がある

□ 早起《はやお》きは得意《とくい》じゃないけど、
いったん起《お》きたら
エネルギー全開《ぜんかい》！

□ わすれものが多《おお》い

□ ケンカは好《す》きじゃないけど、
するなら勝《か》ちたいって思《おも》う

□ 1年前《ねんまえ》、自分《じぶん》がなにに
ハマっていたかよく覚《おぼ》えていない

□ おやつの時間《じかん》、
最後《さいご》に1つだけ残《のこ》っちゃった。
わたしがもらっちゃおっかな♪

未来編《みらいへん》1のテストでわかるのは

あなたの10年後《ねんご》

チェックが8つ以上《いじょう》のあなた　目標《もくひょう》に向《む》かって全力投球《ぜんりょくとうきゅう》！

10年後《ねんご》は、部活《ぶかつ》や進路《しんろ》など、あなたが「これはやりとげたい！」って心《こころ》に決《き》めた目標達成《もくひょうたっせい》のため楽《たの》しみながら努力《どりょく》を重《かさ》ねているよ。しっかり夢《ゆめ》を持《も》っているから、努力《どりょく》することをつらいとは感《かん》じていないよ。夢《ゆめ》に向《む》かってつき進《すす》んでいくその姿《すがた》は、まるでアスリートのよう！　オリンピックでメダルをとる選手《せんしゅ》たちみたいに、いつか表彰《ひょうしょう》されるかも!?

チェックが4～7つのあなた　趣味《しゅみ》や特技《とくぎ》に打《う》ち込《こ》む！

10年後《ねんご》は、するどい感性《かんせい》をいかして趣味《しゅみ》や特技《とくぎ》に一生《いっしょう》けん命《めい》打《う》ち込《こ》んでいるよ。また、あこがれの存在《そんざい》ができて、その人《ひと》に近《ちか》づこうとがんばっている人《ひと》もいるよ♥　頭《あたま》で思《おも》いえがいたことを実現《じつげん》させる力《ちから》を持《も》っているから、「絵《え》をかくのが得意《とくい》だからイラストレーターに」「おどることが好《す》きだからダンサーに」といったかたちで、趣味《しゅみ》や特技《とくぎ》が将来《しょうらい》の仕事《しごと》へと結《むす》びついていくことも！

チェックが3つ以下《いか》のあなた　人《ひと》のために役立《やくだ》っている

10年後《ねんご》は、まわりの仲間《なかま》や世界中《せかいじゅう》の人《ひと》のために、なにかアクションを起《お》こしていそう！　心《こころ》がやさしくて、こまっている人《ひと》をほうっておけない性格《せいかく》だから、友《とも》だちのなやみ相談《そうだん》に乗《の》っていたり、課題活動《かだいかつどう》でボランティアについて勉強《べんきょう》したり、実際《じっさい》にボランティアを体験《たいけん》したりしているはず。医者《いしゃ》や看護師《かんごし》、カウンセラーなど、人助《ひとだす》けをする仕事《しごと》につきたいなと思《おも》いはじめる子《こ》も出《で》てくるよ。

未来編《みらいへん》2

どんな遊《あそ》びをする？

Q.

最近《さいきん》、学校《がっこう》で新《あたら》しい遊《あそ》びがハヤりはじめたよ。いったいどんな遊《あそ》びだと思《おも》う？

A モノマネごっこ

B 一発芸《いっぱつげい》

C 心理《しんり》ゲーム

D なぞなぞ

未来編《みらいへん》2のテストでわかるのは

あなたにおすすめの職業《しょくぎょう》

Aを選《えら》んだあなた

パティシエやお花屋《はなや》さん

創意工夫《そういくふう》や注意力《ちゅういりょく》をためされるような、パティシエやお花屋《はなや》さんがぴったり！　観察力《かんさつりょく》をいかして「どうすればもっとよくなるかな？」と考《かんが》えて、将来《しょうらい》は行列《ぎょうれつ》ができるお店《みせ》をつくり上《あ》げそう。

Bを選《えら》んだあなた

タレントやモデル

将来《しょうらい》はタレントやモデルなど、たくさんの人《ひと》から愛《あい》される存在《そんざい》になっているかも!?　あなたの明《あか》るくて、ちょっぴり天然《てんねん》なところやイキイキした言動《げんどう》から、みんな目《め》が離《はな》せなくなりそう！

Cを選《えら》んだあなた

先生《せんせい》や保育士《ほいくし》

学校《がっこう》や塾《じゅく》の先生《せんせい》、保育士《ほいくし》など、だれかの能力《のうりょく》をのばすような職業《しょくぎょう》がおすすめ。こまかな気《き》くばりができて、まわりからたよられる存在《そんざい》になりそう！　ものごとを深《ふか》くほりさげていく研究者《けんきゅうしゃ》も、あなたに向《む》いているよ。

Dを選《えら》んだあなた

ゲームクリエイターやユーチューバー

なにげないところからおもしろいこと、楽《たの》しいことを生《う》み出《だ》していくクリエイター系《けい》の仕事《しごと》が合《あ》っているよ。ネットや仮想現実《かそうげんじつ》の世界《せかい》で、だれも見《み》たことのなかったものを表現《ひょうげん》していけそう！

未来編《みらいへん》3

やりたいスポーツは？

Q. 次《つぎ》のうち、あなたが今《いま》やりたいスポーツはなに？

A テニス

B バレーボール

C サッカー

D フィギュアスケート

未来編《みらいへん》3のテストでわかるのは

あなたが将来《しょうらい》、ピンチのときに助《たす》けてくれる人《ひと》

Bを選《えら》んだあなた

家族《かぞく》

いいときも悪《わる》いときも、家族《かぞく》があなたのことをかわらずに支《ささ》えてくれるよ。人《ひと》にはなかなか打《う》ち明《あ》けづらいなやみごとがあったら、家《か》族《ぞく》に打《う》ち明《あ》けてみて！　きっと力《ちから》になってくれるはず。

Aを選《えら》んだあなた

ライバル

つらいとき、ライバルを思《おも》い浮《う》かべると「ここでヘコたれたら負《ま》けだ！」というパワーがみなぎってくるよ。また、あなたがつらいときに相談《そうだん》してみると、意外《いがい》にも心《こころ》強《づよ》いアドバイスをもらえるかも。

Dを選《えら》んだあなた

アイドル

ピンチのときは、好《す》きなアイドルのことを思《おも》い出《だ》してみて。「あのアイドルならどう乗《の》り切《き》る？」と、あなたの豊《ゆた》かなイマジネーションをはたらかせることで、どんなハードルも越《こ》えられちゃうよ！

Cを選《えら》んだあなた

友《とも》だち

ピンチのとき、あなたがたよれるのは友《とも》だち。大好《だいす》きな友《とも》だちといろんな話《はなし》をするなかで、「それだったらこうしたほうがいいんじゃない？」って、問題《もんだい》を解決《かいけつ》するヒントが得《え》られそう。

未来編《みらいへん》4

どんな競技《きょうぎ》に出《で》る？

Q. あなたは、運動会《うんどうかい》である競技《きょうぎ》に出《で》ることに。それは次《つぎ》のうちどれだと思《おも》う？

A リレー

B 玉入《たまい》れ

C 借《か》りもの競走《きょうそう》

D ダンス

来《らい》のお金《かね》持《も》ち度《ど》

Aを選《えら》んだあなた

自分《じぶん》でかせいで お金《かね》持《も》ちに！

家族《かぞく》や夫《おっと》にたよらず、自分《じぶん》の力《ちから》でお金《かね》をかせいでいくよ。「リッチになりたい！」と思《おも》ったら、強《つよ》い意志《いし》で仕事《しごと》に打《う》ち込《こ》めるから、ほしいものを確実《かくじつ》にゲットしているよ♪

Bを選《えら》んだあなた

コツコツとお金《かね》が たまっていく！

ふだんからあまりムダ使《づか》いをせず、毎月《まいつき》少《すこ》しずつ貯金《ちょきん》をしながら着実《ちゃくじつ》にお金《かね》をふやしていくよ★　あらかじめきちんと準《じゅん》備《び》をしておくタイプだから、いざというときもあわてずにすむよ。さすがだね！

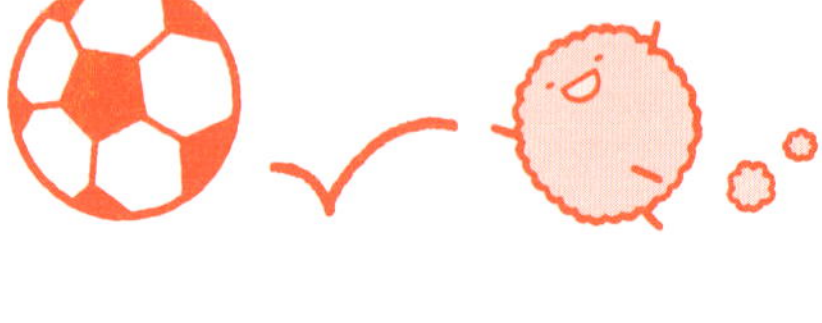

未来編《みらいへん》4のテストでわかるのは あなたの未《み》

Cを選《えら》んだあなた

お金持《かねも》ち度《ど》
40%

ちゃっかり おごってもらえる派《は》

ふだんからまわりの人《ひと》たちと仲《なか》よくして、なにかあればおたがい助《たす》け合《あ》っていくよ。ちゃっかりおごってもらうことも多《おお》そう♥ お金持《かねも》ちにはならなくても、お金《かね》でこまることはないよ。

Dを選《えら》んだあなた

自分《じぶん》の才能《さいのう》がお金《かね》になる!?

あなたは自分《じぶん》の個性《こせい》や才能《さいのう》をのばしてお金《かね》をかせぐことになりそう! ふだんから人《ひと》をひきつけるミリョクをみがくことで、将来《しょうらい》「ボンッ!」と大《おお》きなお金《かね》を手《て》にすることができるかも!!

お金持《かねも》ち度《ど》
80%

未来編《みらいへん》5

どんな転《てん》校《こう》生《せい》？

Q.

あなたのクラスに転《てん》校《こう》生《せい》が
やってきた！
どんなタイプの子《こ》だった？

A おとなしそうな女《じょ》子《し》

B 元《げん》気《き》な男《だん》子《し》

C どこか印《いん》象《しょう》のうすい感《かん》じの子《こ》

D 日《に》本《ほん》語《ご》がニガテな外《がい》国《こく》人《じん》

未来編《みらいへん》6

時計《とけい》はなん時《じ》？

Q. 日曜日《にちようび》の昼下《ひるさ》がり。
おうちでのんびりしていたら、
トツゼンだいじなことを思《おも》い出《だ》したよ。
「あっ！」と思《おも》って時計《とけい》を見《み》たとき、
なん時《じ》だった？

A 2時《じ》すぎ

B 3時《じ》ごろ

C 4時《じ》すぎ

D 夜《よる》の7時《じ》すぎ

未来編《みらいへん》5のテストでわかるのは

あなたが大切《たいせつ》な人《ひと》と出会《であ》うきっかけ

Aを選《えら》んだあなた

友《とも》だちの友《とも》だちといつの間《ま》にか

「この日《ひ》に出《で》会《あ》った！」という意識《いしき》はあまりなくて、気《き》づけばそばにいた、それがあなたの大《たい》切《せつ》な人《ひと》だよ。出《で》会《あ》ってから時《じ》間《かん》がたつにつれ、「あれ？　この人《ひと》が運《うん》命《めい》の人《ひと》なのかな？」って思《おも》うようになりそう。

Bを選《えら》んだあなた

イベントや旅行先《りょこうさき》で

イベントやパーティー、友《とも》だちや家《か》族《ぞく》との旅行《りょこう》など、なにか華《はな》やかで大《おお》きなできごとがチャンスになりそう！　陽《よう》気《き》で笑《え》顔《がお》のステキな人《ひと》とめぐり会《あ》える予《よ》感《かん》だよ♪

Cを選《えら》んだあなた

仕事《しごと》や知《し》り合《あ》いの紹介《しょうかい》で

職《しょく》場《ば》や親《しん》せきのお付《つ》き合《あ》いなど、マジメな場《ば》所《しょ》で出《で》会《あ》いがあるよ。年《とし》上《うえ》の人《ひと》から紹介《しょうかい》されるのもチャンスになりそう。華《はな》やかな場《ば》所《しょ》ではないけれど、あなたにとってはきっと思《おも》い出《で》に残《のこ》るシーンで出《で》会《あ》えるよ。

Dを選《えら》んだあなた

ある日《ひ》突然《とつぜん》、運命的《うんめいてき》に

マンガのワンシーンみたいな出《で》会《あ》いがあなたを待《ま》っているよ！「駅《えき》に向《む》かっていたら、道《どう》路《ろ》のカドから人《ひと》が飛《と》び出《だ》してきてぶつかっちゃった」なんてことが起《お》きちゃうかも!?　ドキドキの出《で》会《あ》いは、大《たい》切《せつ》な思《おも》い出《で》になりそう♪

未来編《みらいへん》6のテストでわかるのは

あなたがいつ結婚《けっこん》するか

Aを選《えら》んだあなた

20歳《さい》くらい

結婚《けっこん》にあこがれているから、早《はや》く結婚《けっこん》するアイドルや近所《きんじょ》のお姉《ねえ》さんを見《み》るたびに、「自分《じぶん》もああなりたいなぁ」と思《おも》っているよ。だから恋愛《れんあい》にはとても積極的《せっきょくてき》で、ステキな男性《だんせい》を見《み》つけて20歳《さい》くらいで結婚《けっこん》！

Bを選《えら》んだあなた

20代後半《だいこうはん》

まわりがひとり、ふたりと結婚《けっこん》しはじめたころ、「そろそろ自分《じぶん》も結婚《けっこん》かな」と思《おも》い、20代後半《だいこうはん》で結婚《けっこん》！　おうちの人《ひと》や友《とも》だちからいろいろ言《い》われる前《まえ》に、結婚宣言《けっこんせんげん》するのが理想《りそう》。その夢《ゆめ》がかなうといいね★

Cを選《えら》んだあなた

30代《だい》

「早《はや》く結婚《けっこん》するのも悪《わる》くないけど、まずは自分《じぶん》の仕事《しごと》や、やりたいことをナットクいくまでやってみたい！」と思《おも》っているよ。結婚《けっこん》をする時期《じき》にはこだわりがないから、生活《せいかつ》が落《お》ち着《つ》いた30代《だい》に結婚《けっこん》！

Dを選《えら》んだあなた

タイミング次第《しだい》

あなたは結婚自体《けっこんじたい》にそんなに関心《かんしん》がないかも。ゼッタイ結婚《けっこん》しなければいけないと思《おも》っていなくて、ただ自分《じぶん》らしく生《い》きていきたい人《ひと》だよ。ふとしたタイミングで思《おも》い出《だ》したように結婚《けっこん》しちゃうかも♪

未来編《みらいへん》7

どんなもようのカサ？

Q.

新《あたら》しいカサを買《か》ってもらうことになったよ。
あなたなら
どんなカサがいい？

A　水玉《みずたま》もよう

B ボーダー柄《がら》

C ハート柄《がら》

D 無《む》地《じ》

相《あい》手《て》のタイプ

Aを選《えら》んだあなた

思《おも》いやりのあるやさしい夫《おっと》

どんなときでも、「どうしたの？」って必《かなら》ず声《こえ》をかけてくれる、こまやかで気《き》くばりじょうずなタイプの夫《おっと》だよ。なん歳《さい》になっても、あなたのことを一生《いっしょう》守《まも》ってくれる、すごくやさしい人《ひと》だよ♥

Bを選《えら》んだあなた

おしゃれでエスコートじょうずな夫《おっと》

あなたの未来《みらい》の夫《おっと》は、どこか王子《おうじ》さまみたいなフンイキの持《も》ち主《ぬし》。妻《つま》になったあなたのことを、いつまでも女子《じょし》としてあつかってくれるよ。いつもおしゃれなデートを演出《えんしゅつ》してくれるから、まるでお姫《ひめ》さまみたいな人生《じんせい》になるかも!?

未来編《みらいへん》7のテストでわかるのは あなたの結婚《けっこん》

Cを選《えら》んだあなた

明《あか》るくてサービス精神《せいしん》おうせいな夫《おっと》

いつも陽気《ようき》でおしゃべりじょうずな夫《おっと》。トークがとってもじょうずだから、毎《まい》日《にち》おもしろいことを言《い》って、あなたを笑《わら》わせてくれるよ。ずーっとふたりでキャッキャして笑《わら》っているから、ラブラブっぷりが続《つづ》きそう！

Dを選《えら》んだあなた

シャイだけれどすごく誠実《せいじつ》な夫《おっと》

ちょっと無口《むくち》ではずかしがり屋《や》さんな夫《おっと》。でも、あなたのことをとっても愛《あい》していて、なにかあれば力《ちから》になってくれるたのもしい人《ひと》だよ。とてもマジメな性格《せいかく》だから一生《いっしょう》あなただけを見《み》てくれて、幸《しあわ》せな夫婦《ふうふ》になりそう♪

Q. 未来編《みらいへん》8

箱《はこ》の中《なか》身《み》はなに？

想像《そうぞう》してね。
今《いま》、あなたの目《め》の前《まえ》に箱《はこ》があるよ。
その中《なか》にはなにが入《はい》っていると思《おも》う？
パッとイメージしたものを
自由《じゆう》にかいてみてね。

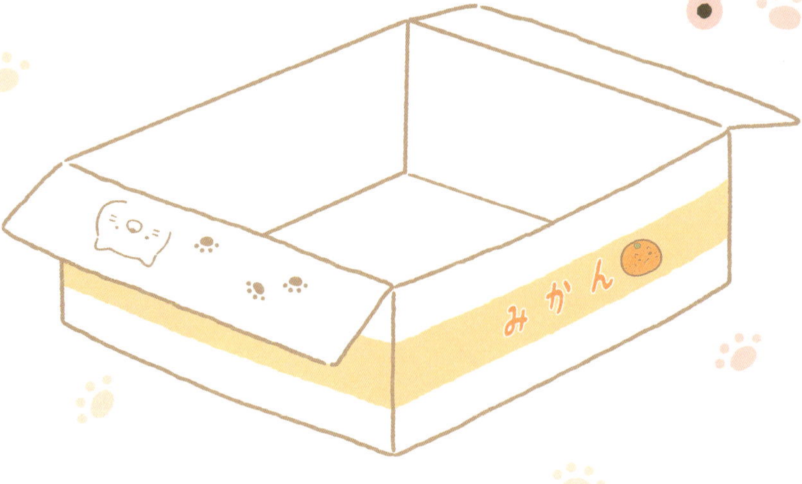

ぎゅ
みか

未来《みらい》の姿《すがた》

風船《ふうせん》やりんごなど、形《かたち》がまるいものをかいたあなた

やさしい笑顔《えがお》のお母《かあ》さん

あたたかくていつも笑《わら》いがたえない家族《かぞく》にかこまれて暮《く》らすよ。あなたはその幸《しあわ》せな家族《かぞく》を支《ささ》える、いつもニコニコしているやさしいお母《かあ》さんになれるよ。夫《おっと》もとてもおもしろくて、笑《わら》いがたえなさそう。ふたりはいつまでも仲《なか》よしで、孫《まご》たちにかこまれて幸《しあわ》せな老後《ろうご》をすごせそうだよ♪

ノートや写真立《しゃしんた》てなど、形《かたち》が四角《しかく》いものをかいたあなた

かっこいいキャリアウーマン

会社《かいしゃ》のなかで重要《じゅうよう》な仕事《しごと》をまかせてもらえたり、若《わか》いうちから起業《きぎょう》して社長《しゃちょう》になっちゃうかも。仕《し》事《ごと》に燃《も》える、キャリアウーマンタイプだよ。おたがいを高《たか》め合《あ》えるような、たのもしい存在《そんざい》のカレにも出会《であ》えそう。ふたりで助《たす》け合《あ》いながら夢《ゆめ》をかなえられちゃう！

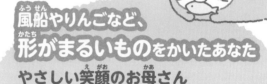

未来編《みらいへん》8のテストでわかるのは あなたの

人《ひと》や動物《どうぶつ》など、生《い》きものをかいたあなた

ほんわかゆるっとスムーズガール

まるで絵《え》にかいたようなラクラク人生《じんせい》……!?　ほかの人《ひと》と同《おな》じように、つらいことや苦《くる》しいこともあるけれど、あなたのほんわかとしたミリョクで、ハッピーエンドを引《ひ》き寄《よ》せられるよ。やさしいおだやかなカレに出会《であ》って、ゆるりと生《い》きていけそう♪

星《ほし》やアクセサリーなど、キラキラ光《ひか》るもの、とがった形《かたち》のものをかいたあなた

センスをいかした手《て》に職《しょく》ガール

もともとセンスがいいあなた。生《う》まれ持《も》ったするどい感性《かんせい》をいかして、つねになにかを生《う》み出《だ》していく芸術家《げいじゅつか》になりそう。ネット配信《はいしん》でも話題《わだい》になって、たちまちウワサの的《まと》になっちゃうかも!?
いつもだれかと恋愛《れんあい》をしているから、
みんなから注目《ちゅうもく》されちゃいそう！

キラピチブックス
すみっコぐらし　心理テスト

2017年12月19日　第１刷発行
2018年12月28日　第10刷発行

著　者	阿雅佐
キャラクター監修	サンエックス株式会社
発行人	川田夏子
編集人	松村広行
編　集	阿部桂子
編集協力	株式会社スリーシーズン（荻生彩、松本ひな子）
カバー・本文デザイン	佐藤友美
本文デザイン・DTP	ダイアートプランニング（髙島光子）
本文DTP	株式会社アド・クレール
発行所	株式会社学研プラス 〒141-8415　東京都品川区西五反田2-11-8
印刷所	大日本印刷株式会社

●この本に関する各種お問い合わせ先
・本の内容については　Tel 03-6431-1462（編集部直通）
・在庫については　Tel 03-6431-1197（販売部直通）
・不良品（落丁、乱丁）については　Tel 0570-000577
　学研業務センター　〒354-0045 埼玉県入間郡三芳町上富 279-1
・上記以外のお問い合わせは　Tel 03-6431-1002（学研お客様センター）